五人制足球

教练员手册

中国足球协会　审定

人民体育出版社

图书在版编目（CIP）数据

五人制足球教练员手册 / 中国足球协会审定. -- 北京 : 人民体育出版社, 2024
ISBN 978-7-5009-6376-9

Ⅰ. ①五… Ⅱ. ①中… Ⅲ. ①足球运动—教练员—手册 Ⅳ. ①G843.2-62

中国国家版本馆CIP数据核字(2023)第216219号

*

人民体育出版社出版发行
北京盛通印刷股份有限公司印刷
新 华 书 店 经 销

*

710×1000 16开本 8.5印张 156千字
2024年9月第1版 2024年9月第1次印刷
印数：1—5,300册

*

ISBN 978-7-5009-6376-9
定价：48.00元

社址：北京市东城区体育馆路8号（天坛公园东门）
电话：67151482（发行部） 邮编：100061
传真：67151483 邮购：67118491
网址：www.psphpress.com

编 委 会

名誉主编： 许基仁

主编： 李久全　曾　丹　温利蓉

编委（按姓氏笔画排序）：

王　玮　三峡大学
王宏伟　亚足联五人制教练员讲师
闫　龙　亚足联五人制教练员讲师
牟远航　亚足联五人制教练员讲师
刘盼盼　中国足球协会社会足球部
余志雄　湖北大学
张　旭　北京体育大学
李　欣　湖北大学
李　凯　宜昌市第一中学
张　诚　台州科技职业学院
李建磊　亚足联五人制教练员讲师
郑　涛　成都市足球协会
周伟君　中国足球协会五人制教练员讲师
胡　杰　湖北大学
夏　青　三峡大学
高　山　亚足联五人制教练员讲师
黄　峰　中国足球协会五人制教练员讲师
梁　爽　亚足联五人制教练员讲师
薛志强　中国足球协会五人制教练员讲师

前　言

五人制足球在世界范围内越来越受到大众的喜爱。中国足球协会从2011年开始组织五人制足球教练员培训，引入了亚足联五人制足球教练员培训班，致力于五人制足球在中国的推广和提高。

五人制足球因其场地小，球员在比赛中有更多的触球机会，需要球员更全面、更精细的技术，以及更快地作出决策。足球强国如巴西、西班牙、葡萄牙等对五人制足球的开展都非常重视，尤其是在青少年阶段引入了大量的五人制足球教学和比赛。在亚洲，五人制足球也越来越受到各国的追捧。近年来，中亚、西亚、东南亚等国家对五人制足球的发展也越来越重视，通过五人制足球培养青少年球员运用技术和决策的能力。例如，伊朗、日本、泰国通过五人制足球培养球员取得了很大的成功。

高水平的赛事对教练员提出了更高的要求，为此，中国足球协会委托从事五人制足球相关工作的职业教练员、青训教练员、管理人员、教练员讲师等组建工作组编制这本手册。手册分为理论和实践两大部分。理论部分主要介绍教练员所应具备的基本素质、教学方法和手段。实践部分主要介绍五人制足球的基础技术和战术，提供了相应的训练方法和使用场景，并通过教学视频更直观地展示了实践部分的教学内容，帮助教练员在实际操作过程中掌握更多的练习内容、方法、手段和要领，引领教练员在此基础上结合实际比赛需要，模拟和创新相关训练和比赛模式。

本手册由温利蓉指导，胡杰、闫龙、张旭、高山、黄峰、牟远航负责完成理论部分（第一至三章），胡杰、王玮、薛志强、李建磊、梁爽、李欣、郑涛、李凯、张诚、周伟君、王宏伟负责完成实践部分（第四至十章）；李久全、曾丹、夏青审核；视频由李欣、胡杰指导，孙佳旺、熊肖毅、张博士、贺搏林、张天卓、杨书杰、李炎琪、陈梓鑫、丁晓东、王心熊、陈雨、帅宏宇参与拍摄，余志雄审核。

感谢参与制作本手册的每一个人。希望本手册能给教练员和运动员带去灵感，享受五人制足球带来的快乐，提高足球水平。

目　录

第一章
绪 论

第一节　五人制足球简史

五人制足球（futsal）起源于1930年，由乌拉圭体育教师胡安·卡洛斯·赛利亚尼（Juan Carlos Ceriani）创立并推广。在乌拉圭获得首届足球世界杯冠军之后，赛利亚尼提出为了赢得下一届世界杯冠军，球员需要更灵活和更快的思考。为提高年轻球员的灵活性，赛利亚尼让他们在更小的空间中踢球，迫使球员快速移动和思考。

赛利亚尼把他的理念付诸实践，并借鉴篮球、水球和手球等其他室内运动的规则，制订了五人制足球最初的规则（包括场区的形式和尺寸、球员数量、比赛时间、比赛用球、裁判员等相关规定）。这项新运动很快在乌拉圭获得认可，受到足球爱好者的欢迎。没过多久，五人制足球迅速传遍了南美洲的其他国家，尤其是巴西、阿根廷、巴拉圭等。1949年，巴西人阿斯德鲁瓦尔·多·纳西缅托（Asdrúbaldo Nascimiento）起草了第一份正式的室内五人制比赛规则。

1989年，五人制足球项目正式进入国际足联，成为国际足联三大比赛项目之一（十一人制足球、五人制足球、沙滩足球）。随后这项运动不断得到世界上很多国家的认可，其因场地小、人数少、攻防节奏快、进球多等特点逐渐发展为一项全球性的运动。

五人制足球需要在极短的时间内做出各种应对比赛的正确决策，以及执行决策的各项足球技能。因此，许多传统足球强国（巴西、阿根廷、西班牙、葡萄牙等）在青少年足球培训阶段将五人制足球作为极其重要的训练方法，来提高运动员在高强度下的比赛技能。

第二节　基本概念

一、基本术语

比赛区域：非国际比赛的场地，长度（边线）25~42米，宽度（球门线）16~25米。国际比赛场地，长度（边线）38~42米，宽度（球门线）20~25米。

比赛办法：由两队参与的对抗，每队上场球员不得多于5人（最少3人），其中1人必须为守门员。正式比赛最多可以使用9名替补队员进行不限次数的轮换。

比赛焦点：以球为中心，一切都是围绕足球进行的各种行为。

比赛时间：常规比赛分为两个半场，每半场净时间20分钟。当出现比赛规则中规定相关的情况导致比赛停止时，计时器停止计时（如出界、犯规、进球等需要重新开球的情况发生时）。当比赛正确恢复后，重新启动计时器。中场休息时间不得超过15分钟。如需进行加时赛，则分为两个半场，每半场净时间5分钟。

目标：球队进攻时，在不违反规则的情况下，利用各种技术、战术行为将球攻入对方球门。球队防守时，在不违反规则的情况下，利用各种技术、战术行为阻止对方得分并重新获得球权。

体能：保障运动员完成比赛所需的各项身体机能。

技术：围绕比赛所需，各项个人的能力。

战术：为实现目标所采取的一系列关于个人、小组、整体的执行方式。

定位球：定位球是一个广义概念，包括任意球、边线球、角球、点球、10米球、门球和中线球等，是在固定地点执行的开球方式。

二、比赛场景

（一）由守转攻

进攻组织： 当重新获得球权时，针对进攻目标进行合理的行动。

反击： 在对方组织好防守之前，快速向对方球门进攻以创造得分机会。

快速进攻： 在对方没有组织起良好的防守或进行全场紧逼时，通过简单的方式快速向对方球门发起进攻以创造得分机会。

（二）阵地进攻

个人行为： 通过运球突破、压力下的带球跑、无球移动等个人技术制造进攻优势。

小组配合： 通过2~3人在局部进行快速简单的撞墙式二过一、边直线、中路变速变向跑、鱼钩跑、挡拆等行为，突破对方防守并制造进攻优势。

整体进攻： 4人在特定的移动中，通过不停地轮转试图突破对方的防守以造成进攻优势并最终制造得分机会。

5V4进攻： 通过让守门员加入到进攻中或使用超人战术，利用人数上的优势进行控球或创造得分机会。通常会使用1-2-2阵型或2-3阵型来进行组织。

4V3进攻： 当对方队员被红牌罚下时，对方会在2分钟的时间内少1人，通常我方会使用2-2的阵型来创造得分机会。如果我方守门员加入进攻中或使用超人战术，会形成5V3的比赛场景。

（三）定位球进攻

角球： 当防守队员最后一次触球出己方球门底线时，进攻方会利用角球的形式恢复比赛。通过各种设计的战术打法，能够创造射门的机会。

界外球： 当对方队员最后一次触球出边线时，己方会在球出界的位置踢界外球恢复比赛。当发球位置靠近对方球门时，则可以在这个有利位置利用各种战术打法创造射门机会。当发球位置在球场中央位置时，也可以利用一些创造射门机会的战术或完成一次整体战术移动。当发球位置靠近本方球门并且对方进行全场紧逼时，可以通过设计的战术寻找突破紧逼的机会及控球的机会。

任意球：当对方队员出现犯规时，己方会在犯规点通过直接任意球或间接任意球重新开始比赛。当发球位置靠近对方球门时，通过各种战术打法可以获得很好的得分机会。当发球位置远离球门时，通常可以利用整体战术移动寻找得分机会。

10米点：每半场比赛时间内一方出现第6次犯规及6次以上犯规时，另一方将在10米点或犯规地点进行无人墙直接射门。

点球：当防守队员在本方禁区内犯规被判罚点球时，对方将从6米点进行无人墙直接射门。

开球：每半场比赛开始或出现进球后都在球场中圈点重新恢复比赛。开球有时可以利用战术来创造射门机会。

（四）由攻转守

就地反抢：当失去球权时，靠近球的队员立刻进行防守，目的是减缓对方的进攻速度，阻止对方获得快速反击的机会。

快速回防：当失去球权时，所有队员第一时间快速回到本方防守位置重新组织防守，目的是避免对方以多打少。

（五）阵地防守

紧逼防守：防守方在前场进行布防，向对方施加控球压力，目的是重新获得球权并阻止对方进行过多的控球。

阵地防守：防守方在本方半场或更靠后的位置进行布防，目的是阻止对方在进攻三区轻易获得射门机会，并在合适的时机向对方进行紧逼，争取重新获得球权。

角球防守、界外球防守、任意球防守：当对方在靠近本方球门获得定位球机会时，防守方通常使用区域防守或人盯人防守来应对对方的战术，目的是阻止对方轻易获得射门的机会。

4V5防守：针对对方使用5V4进攻而采用的防守体系，通常会在本方半场进行2-2与1-2-1相结合的区域防守站位进行布防，目的是阻止对方获得得分机会，并在合适的时机进行抢断，争取重新获得球权吊射空门。

3V4防守：当本方红牌罚下一人，面对对方4V3或5V3时采用的防守体系，通常会在本方禁区前进行1-2或2-1的区域防守站位进行布防，目的是阻止对方轻易获得得分机会，保证本方在两分钟内不失球。

三、打法风格

全场紧逼：一种从前场开始对对方实施高压防守的打法风格。这种打法风格通常建立在人盯人防守或2-1-1区域防守的体系上。持续且具有侵略性的防守会给对方造成控球压力，本方可以通过这种方式争取在前场重新获得球权，并快速获得得分良机。

半场防守：一种在本方半场遏制对方进攻的打法风格。这种打法通常建立在人盯人防守、区域防守以及人盯人与区域防守相结合的防守体系上，能够减少对方在进攻三区快速获得直接射门的机会。同时，这种防守体系可以避免过多的跑动，防守队员之间的距离较近，更能起到协防保护的作用。

收缩防守：一种使防守区域更加靠近本方球门的打法风格。这种风格通常建立在区域防守的体系上，是几乎放弃对对手形成紧逼机会的一种手段，对方球员可以很容易地控球，但是很难在靠近球门的区域获得射门得分机会。防守队员就像一面墙一样封堵在球门前，如果出现反击机会他们会很快速地完成，进而获得比赛优势。

直接进攻：一种以简单快速的方式为进攻特点的打法风格。这种打法风格不崇尚控球，以更加高效的方式向对方球门进行冲击，成功率相对较低，试图通过进攻数量增加得分的可能性，同时，能够降低在危险区域失去球权，以及被对方快速反击的风险。

阵地进攻：一种通过耐心控球寻找得分机会的打法风格。这种打法是球队通过各种阵型的移动寻找机会。在不停的轮转中，如果有一名强力中锋或1V1突破能力强的球员及良好的小组配合，将会对比赛起到至关重要的作用。

5V4进攻：一种通过人数优势主导比赛的打法风格。进攻时，通过超人战术或守门员直接压上至中前场，形成进攻队员人数上的优势来创造更多的得分机会。但是，失去球权时对方将有机会把球射入空门。有一些球队将5V4作为一种常规打法，整场比赛都使用这样的进攻打法，进而形成了球队的风格。5V4进攻的情景通常也出现在比赛末端。

第二章
团队领导和管理

第一节 教练员的角色

教练：了解不同年龄段球员的特点和训练原则，进行科学合理的训练，引导球员使用合适的装备，教导球员严格遵守纪律。

管理者：大多数教练员不具备完整教练团队的配置。因此，教练员还需要在训练外管理人员流动、整理装备与器材、与领导和家长沟通，以及安排比赛期间的交通与食宿。

技术顾问：评估球员在训练和比赛中的表现并给出指导意见来提高球员的能力。

支持者：对一些球员来说，比赛是非常伤脑筋的事情，通常面对压力时他们需要获得教练员的支持。

朋友：建立个人的关系，并提供指导意见，可以讨论球员的问题或分享他们成功的喜悦。让自己得到球员的信任，因为如果不这么做，球员对教练员的尊重可能会逐渐消失。

知识的源泉：因为教练员经常会被问关于各种体育赛事、足球知识、饮食、运动损伤以及与五人制足球无关的问题，提供解答会使球员更加依赖和信任教练员。

讲师：通过理论知识的讲解提高球员对五人制足球的理解。指导球员高效地和自己进行交流。

组织者：为每名球员准备计划并组织会议和辅导，帮助球员发展新的技能。实施和了解适当的教学方法和执教的方式。一切必须有计划，根据长期目标、中期目标、短期目标来制订不同的计划。每堂训练课的计划至关重要，会使教练员和球员都清晰地明白目标是什么，之后的小结会为自我分析和提高提供依据。

帮助者：确定适合球员们的对手并进行比赛，以帮助他们实现全年的总目标。清楚如何发展球员的能量系统，了解球员营养需求并指导球员使用合法的补充品。

观察员：收集国内和国际的数据来了解最新的训练手段。使用评估测试监控训练过程和预测表现。

示范者：向球员展示教练员需要他们完成的技术。保持健康对教练员来说很重要，好的示范会使教练员成为球员们心中的偶像。

激励者：全年都要保持球员的积极性。评价球员比赛的表现，评估球员训练的表现。

辅导老师：在分担焦虑的基础上，解决情绪问题可以缓解压力并鼓励球员，指导球员放松和运用心理技巧。教练员始终扮演着教师的角色，在球员不同的阶段通过不同的教学方法针对性地提高各个球员的综合素质，设置不同的目标引导他们实现自我超越。

保护者：当球员训练时，教练员要对他们的父母和家人负责，确保球员的安全。训练时教练员必须监控球员的安全情况，球员有任何问题或受到任何伤害都要支持或鼓励他们。了解过度训练的原因和症状，知道如何降低球员受伤的风险。

第二节　球员训练的阶段划分

五人制足球运动员的竞技能力由技术、战术、体能、心理等组成。每个方面都有不同的要素和特点，在培养五人制青少年足球运动员的过程中，一定要考虑足球竞技能力各方面的协调发展，也不能忽略不同要素的先后顺序以及发展水平的差别。既要关注青少年球员的全面发展，也要重点抓好青少年敏感期各项素质与技能的提高。这样才能培养出有优秀基本功和鲜明特点的高质量球员。当然在培养五人制青少年球员的同时，也要运用系统性训练原则、直观性训练原则、循序渐进原则、区别对待原则等，因材施教，提高五人制青少年球员的培养效率。

青少年训练可以分为以下5个阶段：6~9岁、10~12岁、13~14岁、15~16岁、17~19岁。

针对这些年龄段，从年龄特征、技术、战术、体能、心理5个方面来进行考虑。

一、6~9岁阶段

（一）年龄特征

6~9岁的球员从幼儿时期进入儿童时期，他们可能在一定程度上仍保留儿童时期“自我中心化”的特征，过于复杂的多人配合及过于成人化的训练、比赛概念，对他们来说是难以理解的，所以这个阶段的足球活动应该是快乐的、有趣的、简单的，逐步激发球员的足球兴趣，从而培养球员终身足球的习惯。

这个时期的球员抽象思维开始萌发，最典型的就是喜欢问“为什么”。抽象思维对球员未来足球智能的发展至关重要，所以在这个时期，教练员对待球员要有耐心，在适当的时机用恰当的方式去解答球员的提问，切勿用“我让你练就练，别问为什么”这种简单粗暴的方式去回应球员。

（二）技术

6~9岁阶段训练的主要任务是提高球员正确使用各项技术的能力，包括完成单个技术的能力、运用多元技术（衔接多个技术）的能力等。

从完成单个技术的能力来讲，运球、射门、传球、控球及无球跑都应该有所掌握，为球员将来打下良好的个人技术基础，但各个技术的训练比重并不是遵循平均主义，而应当有所侧重。在这个年龄段，最应该加强的是运球、传球和控球三项技术。教练员有责任在这个阶段使球员充分了解各项技术的要点，并通过正确的示范和指导帮助球员掌握各项技术。

（三）战术

这个阶段教练员主要帮助球员建立团队合作的意识，了解前锋、后卫等基本概念。培养球员们的空间意识，学会利用场地在合适的位置进行支援。发展他们的大脑，使他们知道如何在小空间内快速地做出决策，以各种技术为基础学习简单的战术概念。

（四）体能

这个阶段的球员不适合做大负荷的身体训练，过早的高密度、大强度、大负荷的训练会影响他们的生长发育。此时球员肌肉的延展性比较好，非常适合柔韧性训练。此时球员对精细动作的控制能力还较差，动作的准确性不高，所以这个阶段要循序渐进地去提高球员的协调性、灵敏性，如绳梯练习、球性球感练习，以及各种方向和方式的跑、跳、翻滚练习等，都是提高球员协调性和灵敏性的有效方法。

（五）心理

这个阶段的球员容易畏惧困难，教练员要帮助球员建立克服困难的信心和意志，设置球员付出努力可以完成的训练内容，设定球员力所能及的比赛目标，这样有助于建立球员的自信。此时的他们非常善于交际并且以自我为中心，喜欢模仿各种感兴趣的语言和动作，但是长时间保持集中注意力对他们来讲是很困难的，所以简单有趣的训练手段、与他们建立朋友关系等是非常重要的。

二、10~13岁阶段

（一）年龄特征

这个阶段的球员身体开始发育，身高、体重、速度、力量开始增长。自我意识萌发，抽象思维快速发展。他们拥有更活跃的思维能力，更强的理解能力和认知水平。

（二）技术

这个阶段的目标是进一步提高和发展球员的各项技术能力，球员需要在比赛场景中准确、快速地完成更规范的技术动作。适当加入符合比赛场景的攻守对抗训练，可以逐步提高球员在对抗中合理运用技术的能力。

（三）战术

球员通过启蒙阶段的学习，掌握了基本技术及个人战术。随着年龄的增长，他们可以将目标从个人战术转移到小组战术。学会不断寻找角度和空间，以及如何与队友完成配合，认识不同的环境并做出决策。这个阶段可以接触一些整体阵型的基本信息，但不必强行要求球员僵化地去执行，允许他们观察、分析，然后做出自己的决定。

（四）体能

这个阶段是提升协调性和平衡性的理想阶段，球场上的各种技能（跑、跳、转身、变速、变向、传球、射门、控球、运球等）都离不开这两项素质。这个阶段不建议进行肌肉力量训练，球员自身的体重足以锻炼这些能力。有关身体素质的训练最好是与球结合，因为比赛中不会只是单纯的跑、跳等。

（五）心理

这个阶段球员对事物的判断会更加成熟，有时他们会质疑教练员的指导或决定，这是思维能力提高的表现，教练员不必因此与队员对立，正常地解疑答惑即可。

这个阶段球员缺乏长远规划的能力，有些球员对自己的未来感到迷惘，有些球员则盲目自信，教练员多与球员交流会帮助其逐步建立自己的足球规划。此时球员开始有荣辱感，会在意比赛的胜负，这也是塑造他们团队精神的重要时期。

三、13~14岁阶段

（一）年龄特征

这个阶段球员正处于青春发育期的快速增长期。男生身高迅速增长，女生身高增长减缓但体重增加明显，呼吸系统快速发育，骨骼组织与肌肉纤维增长较快。

该阶段球员活泼好动、好奇心强、渴望关心；自尊心、荣誉感、表现欲望迅速增强；独立意识、成人感迅速增强，但情绪易变，自我控制能力较弱。此时球员思想单纯，敢于尝试，渴望成功，交往能力与兴趣迅速增强，但易受外界环境影响，易激动，不冷静，自制力不足，在挫折和失败面前容易动摇。

（二）技术

这一阶段的目标是发展队员更加快速运用技术的能力，提高技术间的转换频率和连贯性。着重发展在比赛中保持控球的能力，所有技术都是基于比赛而发展的。要培养球员利用各种无球跑动技术摆脱防守球员为自己创造控球空间的能力，如鱼钩跑、变速跑、摆脱跑、中路变向跑、斜线跑等。为球员提供更多的对抗场景来运用技术。

（三）战术

这个阶段的球员需要更多体验小组间的行为，学会合理地利用空间。在空间里理解自己、球、队友及对手相互之间的位置和距离，做出合理的决定。这些小组的行为将会影响整体的战术行动，帮助他们了解小组行为与整体战术的衔接关系。

（四）体能

这个阶段是发展球员速度、肌肉耐力及无氧能力的重要阶段。随着年龄的增长，他们会变得更加强壮，但身体的变化也会造成执行力和动作速度有所下降。想要改善这些能力，一方面可以在专项身体训练中去提高，另一方面可以使用游戏或对抗练习进行提高，如果结合技术和战术，效果则会更加明显。

（五）心理

这个阶段球员身体与心理都趋于成熟。身体的性特征开始变得明显，球员有时会感到疑惑。他们会建立自己的社交，但是无法完全辨别是非。教练员需要及时对球员进行心理疏导，帮助球员正确认知这些变化。

四、15~16岁阶段

（一）年龄特征

这一阶段的球员虽处于青春期，但发育速度开始减慢，心脏发育速度加快；骨骼组织增加，肌肉纤维增粗；大脑功能迅速提升，以逻辑思维为主。

该阶段球员各种心理品质逐步稳定发展，认识水平和能力迅速提高，理智感、自我控制和调节能力及抽象思维能力提高。

（二）技术

这个阶段球员的技术趋于成熟，更多的技术训练会集中在热身、游戏或学习新的技术技能上。在真实的比赛场景中去完善技术的应用，是这个阶段提高技术能力的重要手段。

（三）战术

在这个阶段，球员有更多的团队意识，教练员要帮助他们了解比赛的核心概念，理解整体战术对于比赛的重要性。让球员习惯于所做的决定都是服务于整个团队，将小组意识过渡到团队意识，这也将有助于他们阅读比赛，提高比赛中的决策能力，知道在何时做何事。

（四）体能

这个阶段协调性、平衡性和柔韧性训练变得越来越不重要，而身体的力量训练将对他们各方面能力的提高起到至关重要的作用。通过力量训练，球员各种跑动的速度会显著提升，各项技术在对抗中的应用也会随着力量的增长而更具杀伤力。

（五）心理

这个阶段球员经过多种形式的训练与比赛，开始有意识地处理个人与集体、个人荣誉与集体荣誉之间的关系。通过提高训练难度与比赛强度等，发展球员的意志品质、自控力等足球专项素质。此时他们也会注重自己的外表，注意建立个人形象，对外部环境更加敏感。

五、17~19岁阶段

（一）年龄特征

这个年龄段被称为“第二黄金时期”，球员身体发育进入青春期后期，各器官、组织、系统的机能已经接近于成人。他们的骨骼与肌肉处于良好的平衡状态，基于这一点，年轻球员可以承受大运动量的挑战。一些生理研究表明，将成年球员运动负荷的80%应用于这个年龄段，得到的训练效果是非常理想的。同时，此阶段非常适合专项速度、爆发力、无氧耐力与灵敏素质的训练。

另外，这个时期球员独立思考及自主意识增强，他们争强好胜，渴望成功与被认同，同时逆反心理也比较强，承受失败、抗挫折能力弱，在行为表现上自控力不足，这些也是教练员要关注的事项。

（二）技术

此时，教练员要关注球员全面性技术的发展，球员要全面掌握五人制足球的技术，尤其是需要磨炼专项的有球技能，拥有在真实比赛中熟练运用这些技术的能力。无球技术在五人制足球中尤为重要，提高战术行为中的无球跑动能力是球员在这个阶段需要着重关注的。球员在球场上的决策能力也要发展到一定的高度，对于比赛的理解也将趋于成熟。

（三）战术

这个阶段球员对比赛的架构有了足够的了解，他们能自主分析比赛中的优点与不足。无论是进攻还是防守，要将在训练中所学到的技能都转化到真正的比赛中。小组与整体的关系更加密切，整体战术在训练中的比重将更大，教练员要不断磨炼队员在真实比赛中的能力。此时球员的社交能力和领导能力也会在训练与比赛中展现出来，责任心也将影响比赛最终的结果。

（四）体能

这个阶段教练员需要给球员制订专项的身体训练计划，不同类型的球员需要针对性地提高优势力量。五人制足球的特点决定了无氧耐力是至关重要的，训练的重点包括爆发力、反应力、灵活性、柔韧性等。

（五）心理

这个阶段的球员智力逐渐趋于成熟，专注时间更长。对事物能够有自我的理解及评价，更能理解教练员的战术意图，更渴望胜利，具有较强的独立性、责任心、团队合作精神。

第三节　训练计划

一、制订训练计划需注意的事项

（1）制订训练目标。基于个性化计划的每个阶段，并且对应球员职业生涯中的每个特定阶段，这些训练目标可以适用于每个人。

（2）根据运动的专项特点，安排这项运动特有的训练内容，这些训练内容是实现目标的最有效手段。

（3）根据比赛及其对球员的重要性，教练员设计训练负荷的顺序和大小，并在训练的各个阶段通过相应的训练内容呈现。

（4）明确这些训练负荷所对应的能量代谢系统，以便对其进行管理。

（5）为每个对应系统提供最合适的训练模式，以及应用这些训练的时间和效果。

（6）建立有效的控制机制来管理所有这些过程及其对球员各种系统的影响。

（7）利用支持性技术在比赛中对球员进行评估，从而分析训练计划对球员的影响。

（8）让练习井然有序的同时，还可以有效地控制训练过程，进而可以预见未来。

二、训练计划的特征

训练计划应具有独特性、针对性、个性化和灵活性。

（1）独特性：教练团队的所有成员（教练员、体能教练、心理师、医生等）都必须拥有相同的愿景和理解，以确保他们各自的方法和系统都朝向一个单一的目标，目的是创建一个真正独特和统一的训练计划，可以更适合球队现状，以便获得更好的结果。

（2）针对性：训练计划必须建立在对五人制足球运动（比赛规则、场地特点、技术、战术、球员的天赋水平及其运动目标等）全面了解的基础上。因此，可以说五人制足球是一项具有时间维度、空间维度、速度维度等特点的运动。

（3）个性化：训练计划必须根据球员和球队的具体需要量身定做，无论他们何时参加比赛。

（4）灵活性：训练计划必须根据赛季过程中遇到的不断变化的情况进行调整。在不同年龄层次球员及不同水平级别球队的教学过程中也要不断调整计划。

三、训练计划的安排

（一）微周期

1. 赛季前的微周期

通常情况下，球员有5~6周的时间来获得必要的体能，以达到最佳运动表现。此时期运动负荷的安排不受竞争性比赛的制约，因此通常使用累积的超量恢复。每支球队都会受到各种因素的影响，这些因素（要求或目标、上赛季的成绩、新教练、赛程表、新球员的数量、董事会、赞助商、友谊赛、天气、可用设施等）将决定赛季前训练计划的设计。

2. 赛季期的微周期

在此期间，所有球队的微周期都是竞赛型的。然而，有一些具体的情况需要解释。对于参与学习型的球队来说，他们的结果应该被认为是次要的，因此必须管理各种类型的微周期以实现平衡。通常，在3~4个较大负荷的微周期之后将进行一次恢复性微周期，以消除累积的疲劳。对于参与比赛的球队，微周期必须确保球员在比赛当天处于良好的状态，这并不总是很容易实现。这里的关键因素是在比赛之间负荷和休息安排比例合理。一般来说，赛季期的微周期必须适应比赛期间发生的各种不可预见的情况。

3. 赛季后间歇期的微周期

这期间安排的是与比赛无关的活动，负荷较小，以便让球员恢复。

（二）中周期

中周期可以定义为具有相似训练方向和同步准备目标的一系列微周期的集合。一般来说，中周期是一个完整的训练单元，可以显著增加准备工作。

中周期的长度取决于3个主要因素：①提高某些能力所需的时间；②改进的速度；③影响训练日程设计的外部条件，如比赛持续时间、训练营持续时间等。

（三）大周期

大周期是一个由不同时期组成的单元，它描述了在1年中持续5~6周的训练周期。它由以下3个阶段组成。

获得阶段：与准备期相对应（一般和具体）。

稳定阶段：与比赛期相对应（开始、主要部分和结束）。

临时性损失阶段：与间歇期相对应。

典型大周期一般可以分为准备期、比赛期、间歇期3个阶段。

1. 准备期

这一时期的主要目标是提高球员的机能，使他们无论是在最后阶段，还是在比赛期间，都能够承受高强度的负荷。准备期是获得体能的时期。球员经验越少，这一时期的意义就越大，持续时间也就越长。然而，如果球员已经有丰富经验，他们将会在这一时期达到所需的体能储备水平，并能够更快地进行更高水平的训练。

准备期一般包括一般准备阶段和专项准备阶段两个阶段。

（1）一般准备阶段。这一阶段的特点是低强度大量训练。有氧训练在大多数运动项目中都占主导地位。训练量会逐渐增加，但强度不会很高。我们甚至可以在某个阶段中断，进行一项与五人制足球不同的运动，如网球、笼式网球等。由于训练量很大，我们需要考虑恢复期。在这个阶段经常会遇到所谓的“墙”，即提高的瓶颈，为了建立核心体能，在低强度下一步一步地开展训练很重要。核心体能越扎实，球员越有可能达到更高、更持久的体能水平。在这一时期，每一个高强度的竞技活动或阶段都有可能像是撞上了那堵“墙”。

（2）专项准备阶段。此时继续有氧训练，同时逐步接近五人制足球所需的专项耐力类型，并保持在一般体能训练中获得的发展水平。在这一阶段，训练负荷不断增加，训练强度也在增加，这体现在速度、节奏和爆发力的提高上。耐力训练部分包括无氧和有氧两个部分。随着赛事的临近，运动量会减少，而训练强度会增加。

2. 比赛期

这一阶段的基本目标是保持整个备战期间所达到的运动体能水平，并将其应用于追求比赛目标。此外，比赛必须被视为：首先是对训练计划的最终检验；其次是在训练情境中无法重现的情况下对球员进行评估的一种手段。只有在比赛中，球员才会面对对手，经历一定程度的紧张，进而引发不恰当的反应和情绪，如愤怒、沮丧和恐惧等。

比赛期可以分为以下4个阶段。

第一，比赛的第一阶段。这一阶段包括设计、确定和微调我们迄今为止所做的一切，以期实现设定的主要目标。正如此阶段的名称，此时的目标是在与比赛非常相似的条件下训练。

第二，预防阶段。身体的恢复阶段。

第三，比赛的第二阶段。所有与球员一起计划和发展的工作的结果将会显现出来。球员应该在这一阶段达到运动体能，这一阶段的特点是更专项的训练，强度更高，但运动量也更小。

第四，决赛阶段。目标是保持之前的水平。

3. 间歇期

这一阶段的目标是让球员在前一年或大周期的训练和比赛中获得足够的休息，同时让他们保持令人满意的训练水平，以便能以良好的状态开始下一个大周期。适应性储备在此期间更新。

第三章
教学方法和手段

第一节 教学原则

一、目标

目标是学习过程中要达到的目的。它既与行为（实现目标）相关，又与结果（结果目标）相关。这些目标是计划不可或缺的一部分，教练员要努力确保球员能够实现这些目标。目标应尽可能明确。

（1）运动目标：包括所有与学习一般和专项技能相关的目标，以及与协调和体能相关的目标。

（2）认知目标：球员的感知和决策能力，包括判断比赛的发展和学习的能力。

（3）社会化目标：这一目标涉及社交和运动技能、情感和社会等相关内容，包括球员的态度、价值观及其行为和社会纪律的关系。

（4）概念性目标：这一目标基于对比赛及其结构知识的认知，如规则和规定、比赛内容等。

二、内容

内容是所教授的科目与达到目标的手段。五人制足球最常见的内容可分为体能、技术（个人和团体）、战术（个人和小组）能力、心理训练，以及体育和态度、价值观。

三、资源

为了达到教学或学习过程中设定的目标，我们可以使用的体系、物资和后勤保障。资源有以下几种：人力、物力和财力。

四、活动和选项

活动被认为是发展内容的一种手段。它是一系列任务，旨在通过参与者的积极参与实现目标任务。在考虑从较小年龄组开始执教五人制足球时，我们必须将游戏作为促进儿童心理、运动发展和学习基本技能的第一个合适的选择。接下来是一般小组打法、特定小组打法、小场地比赛、改良的比赛和竞争性比赛。

五、教练与球员之间的沟通

教练与球员之间的沟通是指为了鼓励教学互动和学习正在教授的内容，在不同的人之间发生的接触或关系。这种互动可以发生在球员之间，也可以发生在教练员和球员之间（在个人或小组层面），一般以口头或视觉的形式进行。

六、教学方法

教学方法是教学法中定义的教学行为，也是达到学习目标的手段。教学方法和技术的选择将受到教练员的哲学和思维方式及球员自身特点的影响。就教学方法而言，有以下两种明确的方法。

（1）传统式或指导式方法。它包括直接控制或指令、任务分配、交互教学、个性化程序教学。这一方法的主要特征有：

基于直接指导的十分具体的训练，目标明确；

活动由教练员设计和监督，只有很少的球员参与；

在无对手的情况下或在教练员指导下的攻防训练中出现过多的特定情境，限制了球员认知能力的发展；

评价是以结果为导向，很少关注学习过程；

练习和真实比赛之间的转换是有限的或难以实现的；

在运动参与和认知处理上花费的时间不足。

（2）现代式或主动式方法。它包括指导发现、探索解决方案和解决问题。它的主要特征有：

以球员而不是教练员为中心，这种方法是基于更加开放的目标的主动学习；

简化训练，同时注重技术、战术及社交和运动技能；

儿童或球员的运动学习和认知发展处于平衡状态，有助于提高感知和决策技能；

训练可以转移到真实比赛场景、迷你版的比赛、社交和运动练习中；

对球员的创造力及发现和探索过程有一定贡献；

时间得到有效利用，在所有训练中都实现了更多的运动和认知投入；

发现和解决问题的结果可以强化动机和积极性；

从一开始就对比赛的影响给予了适当的关注；

持续评估，高度重视训练过程。

七、个性化教学

个性化教学是一种方法选择，可应用于球员与其他队友处于不同水平的情况，从而使他们的具体学习水平与其初始技能、学习速度、目标、个人计划和最适合他们身体条件的运动负荷等相一致。使用这种方法的目的是提供一种不同的教学方法，作为促进学习的一种手段，而不是将球员彼此分开。我们需要明确区分个性化教学和一对一教学，在一对一教学中，教练员只教一名球员。

这种方法必须应用于不同年龄组的青少年，因为在同一组球员中，他们的运动发展水平、早期认知能力和学习速度等往往会有差异。这就是为什么我们必须偶尔采用这种方法，以提高某些球员的学习速度，尽管个性化执教在某种程度上与应用于集体项目的最新教学方法相去甚远，但后者促进了旨在鼓励社会化的方法。

（1）个性化教学在组织、实施和评估训练课方面的主要特点和程序结构：

教练员关注球员的个人特征和学习过程，根据他们的个人需求设定特定的目标；

虽然它消除了比赛中的某些社交内容，但它确实能对每个球员进行更好的个人监督和控制；

它可以成为一种有用的教学工具，促进某些与运动相关的身体和技术方面的发展；

它可以用于纠正目的，以便使某个球员在特定领域达到与同组中其他球员相同的一般学习水平；

它还可以帮助教练员发展一个球员的特定属性；

在小组训练中，有时很难对球员个体给予必要的关注，因此，在特定的时间进行特定的活动，可以帮助球员个体在学习过程的某些方面取得进步；

教练员制订个性化的学习计划和目标，为每位球员设计运动负荷卡片；

球员主要负责每一次个性化练习的执行；

教练员是练习期间的观察员，试图管理训练，同时特别注意对球员个体的纠正；

教练员在训练结束时进行最终评估，重点是训练开始时设定的个人目标是否已实现；

注意力和集中力水平必须持续保持；

球员的创造能力在一定程度上被削弱了，因为他们被要求直接专注他们训练负荷卡片上列出的计划。

（2）个性化教学可达到的目标如下：

根据每个球员的运动、认知和技术技能以及学习速度定制教学过程；

通过设定更具体的目标实现更有效的学习，从而与每个球员建立更个性化的关系；

补偿因学习过程开始延迟、受伤造成一段时间不活动，以及学习能力下降等情况而导致的学习延迟；

在初始技能水平或学习速度存在个体差异的特定内容方面，创建更有效的学习过程；

培养球员的独立意识；

使学习过程的某些方面个性化，并引入专业化的概念；

为每个球员的运动表现注入更大的控制力。

八、评估

就五人制足球执教而言，评估是一种分析、衡量和解释比赛各个方面和作为学习对象的球员（主要是目标和内容），以及更广泛意义上的训练计划、时间安排和背景、教练员本身及其教学和训练方法的一种手段。评估还考虑了对五人制足球教学、学习过程有直接或间接影响的所有方面。

评估也是训练和教学的一部分，因为它是一种以过程为基础的、以反馈为导向的活动，让球员可以不断地看到自己训练的结果，从而影响他们的动机，使他们更容易纠正错误。

第二节　训练课

设定的目标只有组织得当才能实现。如果没有组织，训练和计划将杂乱无章，在学习过程中将浪费时间，阻碍球员积极参与训练和实现对训练的承诺。组织在每个领域都是一种重要的方法资源，作为教练员，我们必须对此特别关注。

一、基本原则

（1）训练课的组织方式应满足以下所有标准：

与学习目标相比，训练课的重要性必须是次要的；

训练课的不同阶段应被视为介绍该特定训练的具体目标和内容的手段，以及在必要时以一般方式和具体方式进行执教的手段；

训练课应鼓励高水平的参与；

训练课应该鼓励个体化；

训练课应为训练和学习过程创造有利的环境；

组织的职能是优化、增加、改进等；

组织有助于培养球员之间以及球员和教练员之间的良好关系；

组织训练课和年度训练计划有助于教练员逐步发展教学与学习过程；

组织有助于教练员防止和减少球员消极状态，使其最大限度地利用学习时间，将注意力集中在学习过程上；

组织还会帮助教练员创造更安全的条件，让训练得以进行。

（2）训练应考虑的主要因素：

时间：训练课的持续时间。

空间：训练期间要占用的空间以及训练设施和可用资源的特点。

小组：小组的特征和个体的初始水平。

设备：使用哪些设备以及如何正确使用。

教练：利用可用的方法资源。

二、训练课的一般特征

训练课是训练的基本单位，是教练员通过球员活动做出的计划和实践，也是教学工作和具体应用之间的纽带。在每节课中应该使球员能够根据预定的内容实现为每个级别设定的目标。

典型的训练课具有以下特征：①训练课必须具有指定的持续时间，并针对其设计的训练阶段进行定制；②训练课是计划内容和实施内容的纽带，因此，在设计训练课时，教练员必须继续实施之前采用的教学方法，同时也要有足够的灵活性，以应对球员在学习过程中可能出现的任何变化或改变；③必须制订非常具体的目标，强化已经介绍给球员的概念，同时也要意识到他们需要通过练习才能被同化；④训练和每次训练期间进行的练习包含无限的信息来源，可以得出许多结论和评估，反过来，这又使教练员能够改进这些活动，增强它们对学习的影响；⑤每堂训练课开始之前都应该解释训练内容和目标；⑥除构成训练的一部分练习外，还必须事先指定一系列其他同样重要的内容，包括任务的持续时间、训练强度、间歇时间以及所有设备的摆放位置；⑦在训练期间，教练员应检查练习是否以合理的进度进行，以确保球员可以逐步吸收具体的练习内容（从简单到复杂），同样，教练员也必须能够将内容转化到真实的比赛之中，特别是在训练课的后段；⑧评估和控制参数应该事先在内部设置好，并传递给球员。

三、训练结构

训练课必须遵循由易到难、由简到繁的程序过程，根据不同年龄层次以及个人、队伍水平，在难度和强度逐渐增加的基础上进行组织，并逐步增加必要的体力和注意力。训练课可分为以下三个基本部分。

第一部分：热身阶段

热身阶段重要的是组织所有可用的器材和方法资源，并从告知球员教练员希望在训练课中达到的目标、内容以及一般情况下的任何其他方面（教学、纠正、评估、任务分配等）开始。

训练开始时的强度应为低至中等。这样可以让球员逐渐放松自己，这样做是为防止球员变得疲惫和体能水平下降，因为这将使训练的主要部分在最佳状态下进行。训练课的第一部分还要求教练员将球员的注意力集中在将要学习的内容上，帮助他们集中精力，并逐渐让他们接触到训练的动态。

对主要肌肉群进行的一般身体训练通常在训练开始时进行，旨在提高体温，让球员在身体和精神上都得到热身，其要点有：①介绍训练目标和内容；②适应环境和可用资源；③让球员为主要活动做好准备，介绍训练或比赛；④训练的持续时间取决于球员已经达到的训练阶段；⑤一般部分（心肺活动）；⑥专项部分（内容介绍）；⑦根据内容改变设备和环境；⑧第一阶段不应该很累，进行低或中等的身体活动；⑨创造一个合适的训练环境来鼓励球员，确保他们专注并表现出敬业精神。

第二部分：发展阶段

按照前面提到的逐步增加难度的原则，以更具体的方式处理内容，并按照时间表实现目标。

在这一阶段的训练中，强度处于最高水平或者在某点上接近最高或比赛水平。教练员必须确保球员保持所需的注意力和集中程度。在这个阶段，恢复时间对于确保球员保持高强度水平和身体活力至关重要。训练强度越大，球员的适当恢复就越重要。

训练的主要部分也是发展大多数基本学习概念的时段。因此，教练员必须特别强调纠错和示范要点，严格执行为球员学习过程所选择的教学技巧和方法资源。发展阶段的训练要点有：①持续时间取决于年龄组，8~9岁、10~11岁、12~13岁和14~15岁为35~40分钟，15岁以上的青少年和成人约为60分钟；②活动侧重于目标和内容，这些在开始时介绍，并在主要部分用更具体的技术或战术解释加以说明；③它们必须是具体的，并根据训练计划定制；④就教学和学习的内容而言，遵循难度递增的原则；⑤在训练期间应提供饮水、恢复和个人防护方面的指导；⑥确保球员有足够的刺激和动机来实现目标；⑦训练期间及与其他训练课相关的各种练习应鼓励球员学习，为他们提供更多解决方案；⑧将训练内容转化到真实的比赛之中，目的是以一个真实的比赛结束训练。

第三部分：放松整理阶段

训练课的最后部分包括旨在帮助心率恢复和功能恢复的练习。这部分通常包括牵拉、柔韧和弹性练习。强度水平应该从低到非常低，直到完成身体活动。

如同热身训练，在训练课的最后阶段进行的练习必须与训练的总体目标和内容保持一致，尽管此时通常不涉及有球练习，但在热身训练中应始终保持有球练习。

最后，应该强调第三部分的重要性，无论是就本次训练课而言，还是作为为下次训练课做准备的一种手段而言，除提供了一个评估和评估结果的机会外，它还为教练员提供了一个来听取球员自己个人见解的机会，让教练员了解球员对自己训练的满意度，以及对训练课的兴趣度。同样，适当的放松整理有助于球员在下一次训练中及时恢复身体，其要点有：

①放松整理应该持续10~15分钟；②心率应该逐渐恢复到正常的静态心率；③这也是球员在训练期间接受积极和消极强化的理想时机；④它为教练员和球员提供了一个在个人水平上进行分析、评估和评定的机会。

四、有效的时间管理和组织

训练时间因队而异，这可能是由许多因素决定。作为教练员，必须优先安排可用的时间，以便最大限度地利用这些时间。合理地分配和组织时间至关重要，同样重要的是采用一种方法使教练员能够在学习运动表现方面最佳地利用时间。

最大化利用可用时间的策略有：①鼓励准时和承诺，以确保球员前往训练场地和在更衣室不会占用有用的训练时间；②准备好训练课和内容，这将节省解释练习的时间；③采用有组织和有纪律的方法，使教练员和球员之间的沟通更快、更直接、更高效；④改进设备的安装和存放程序，以增加实际训练时间；⑤将练习融入热身之中，作为介绍训练课主要部分内容的一种方式；⑥避免球员必须排队的练习，或那些可能对其运动参与产生负面影响的练习；⑦综合全面的训练使球员可以持续温习之前训练课中学到的内容。

第三节　训练设计

一、执行因素

在选择训练课练习和活动时，应考虑以下执行因素（或组织因素）：①练习类型，主要是技术训练、战术训练、综合训练、认知训练、实战训练、简化训练、改良训练、体能训练等；②训练内容和教练员的指导；③所需的设备和资源；④运动强度和运动负荷；⑤练习期间的运动参与时间；⑥恢复时间，包括练习期间和练习之间；⑦参加练习的球员人数；⑧比赛或活动空间；⑨对运动表现或训练结果的评估；⑩练习中的能力或对抗水平（无对抗、被动对抗、主动对抗、有条件对抗等）。

二、训练设计中的变量

在设计训练时，教练员可以使用许多工具或变量来调整比赛和球员决策，所有这些都是为了使训练尽可能适应想要学习的内容和训练活动的目标。

1. 空间

（1）不同的场地大小：40米×20米，五人制足球场；28米×20米，篮球场长度，五人制足球场宽度；28米×15米，篮球场；20米×20米，五人制半场；18米×9米，排球场；不同的小场地，5米×5米、6米×6米、10米×10米等圆形传球练习或控球练习场地。

（2）有特定限制的比赛区域：不允许侵占；只能由指定的一名球员进入；在某些比赛区域内进攻或防守球员人数有限制；限制在某些比赛区域内的时间；射门仅限于特定区域。

（3）有强制性行为的比赛区域：在对方半场无触球限制，在本方半场只可触球两次；在该区域内接球的球员必须射门；越过中线前规定最小传球次数；在特定区域强制一脚触球；右半场，右脚射门；左半场，左脚射门。

（4）有条件的侵略性比赛：每个空间指定球员人数；在特定区域创造人数优势，传球人可以入侵空间，任何球员都可以入侵空间；在传球之后入侵中路；通过运球的方式入侵进攻区域。

2. 时间

（1）限制行动时间：保持一段时间的控球权；基于时间段的比赛原则，控球10秒，5秒内进入对方半场，10秒内完成射门；创建暂时的人数优势或劣势；为了造成不平衡而设计的临时变化，每隔20秒就有一名球员下场，另一名球员继续上场，先是一支球队，然后是另一支球队，以此类推。

（2）比赛时段的变化：迷你比赛；具有特定时间段的迷你比赛，其中一方具有人数优势或劣势。

（3）对行动次数的惩罚或奖励：要求在一定时间内射门或失去球权；在控球20秒后无触球限制，在此之前只允许2次触球；如果在5秒内越过中线，则一名对方球员不能在本方半场进行防守。

（4）模拟比赛：对射门有时间限制的真实游戏，模拟比赛情境或结果。

3. 球门

（1）球门数量：4个球门的比赛（每队2个球门）；具有不同球门数量的比赛，得分的球门被移除；比有守门员看守球门多1个球门；两队只有1个球门，双方在进攻和防守之间转换。

（2）球门大小：超大球门；无守门员的小球门；标准球门和边线上有小球门。

（3）球门和射门位置：球队在完成特定的目标或具备特定的条件后，可以进攻2个球门中的任何一个，越过中线或在重新获得球权后5秒内进行5次传球等；篮球场地底线上设球门和对面设球门；篮球场地底线上设无网球门，允许任何一方进球得分；场上设位置不对称的多个球门；2个球门定位正确；在1个球门进球后，球队可以改变方向，进攻另一个球门。

（4）无球门：进球或得分可以有多种不同的方式，在控球的情况下到达球门线、移动到其他区域或进入和离开中圈等。

4. 规程

（1）得分规则的变化：用弱势脚进球得分加倍；一脚触球的移动中进球得分加倍；失球的球队减少一名球员（在特定的一段时间内），定位球得分加倍；进球后从第二个罚球点罚球或开始比赛；远门柱进球得分加倍。

（2）“奖励好的”和“惩罚坏的”的特殊规则：引入“球回到后场”规则；在达到特定的传球次数或特定的控球时间后射门；换人规则的改变（球员可以在任何地方上下场，上场的球员可以提前5秒；扩大快速换人的区域，旨在让对手措手不及并在进攻中创造人数优势）；射门的球队可获得一个角球；比赛总是从球门线重新开始；射门前设定强制传球次数或限制射门前的传球次数；限制射门前允许的个体触球次数，如射门前只允许1次或2次触球。

（3）引入真实比赛中的裁判条件或规则：一个队以5次犯规开始；并不是每次踢边线球裁判员都吹停，而是让比赛继续进行。

5. 技术变化

（1）球的变化：使用不同大小、组成或弹力的球，如网球、橄榄球、户外足球等；使用多个球（如2个）；使用2个球，其中一个球控球（只有控球的球队才能用这2个球中的任何一个射门）；使用3个球（1个在地板上，另外2个由每队一名不能参加比赛的球员持有）；使用不同类型球的技巧（难度增加）；使用气球、网球的杂耍（守门员）。

（2）触球或传球次数变化：两次触球、无触球限制、一脚触球等；触球和半触球，一次或两次触球——如果从两次触球的球员接球，接球球员只能接一次，如果从一次触球的球员接球，接球球员可以接两次；球队只有在地面传球的情况下才能越过中线；设定射门前的具体触球或传球次数。

（3）触球次数和控球条件变化：限制个体触球次数，射门则允许多触球一次；只允许两次触球，而不是一次；如果使用两只脚，则允许两次触球；空中传球不允许反弹；空中传球必须使球反弹。

（4）触球区域的变化：用脚底控制球有奖励；指定用于控球脚的部位；

指定用于射门脚的部位（如脚趾、脚背、脚内侧等）。

6. 战术变化

（1）球员人数的变化：在特定区域或特定时间段内人数相等、人数占有优势或劣势；允许移动或不允许移动的特定球员或特定位置；小范围内有很多球员；在一个较大区域内球员较少；技术、战术小组训练选项；失去球权的球员必须跑到对方球门前触碰门柱或被对方球门线上的另一名球员替换。

（2）角色变化的具体角色和条件：在进攻中使用“小丑”，条件为无限制、触球次数有限制、只能射门或只能传球等；在防守中使用“小丑”，在控球练习中或在真实比赛中划定区域（如在中圈中的防守“小丑”）；对防守活动施加条件，如主动、半主动、被动，限制球员跑动或基本选位；守门员不能出禁区。

（3）基于个人或小组战术的条件：对允许的防守或防守体系的类型加以限制；只有与支点球员关联后的进球才能得分；1~2脚触球之后的进球才能得分，在“平行移动”（进攻球员移动至盯人后卫身后的空间以便接球）或斜传之后得分；只能在禁区内射门得分；只能从禁区外射门得分；所有的球员在射门前都必须触球；每次接球前都要有假动作。

（4）决策的条件或限制：减少传球选项，不传给接球的球员；每队都有穿着不同颜色标志服的球员（禁止传球给穿着同颜色标志服的队友）。

第四章
五人制足球技术

五人制足球技术是指在五人制足球比赛中，运动员所完成的各种进攻与防守动作方法的总称，是进行五人制足球活动和参加五人制足球比赛的基础。五人制足球技术以人体生理学原理及五人制足球规则为依据，强调实效性，且其中存在个体差异性。

五人制足球技术是五人制足球比赛的基本手段。在比赛中，队员的智慧、技能、应变能力、作风和创造力等，都是通过双方队员技术的对抗集中表现出来的，是五人制足球运动员竞技水平的显著标志。

五人制足球技术是一个完整的体系，它是在单个技术的基础上，形成技术动作的组合。五人制足球技术动作组合，是由两个或两个以上的单个技术动作组合而成。在比赛中，运动员运用单个技术动作很难和同伴进行全面配合以及与对手进行全面对抗。只有在掌握多种单个技术动作方法的基础上，根据比赛攻守对抗的实际情况，运用多种多样的技术动作组合，才能达到良好的效果。

五人制足球技术是五人制足球战术的基础。任何战术意图和战术方法的实现，都取决于队员是否熟练而准确地掌握了相应的技术，并能有意识地进行创造性运用。技术水平的提高和发展也必然促进战术的发展和变化，而战术的不断发展和演变，又反过来对技术提出更高的要求，技术与战术在相互促进的关系中不断更新、发展。因此，要通过技术的教学和训练使队员掌握全面的技术，并不断提高运用水平，以适应现代五人制足球运动的发展。

第一节 控球

控球的教学与训练应从原地控球开始。在正确掌握动作规范的基础上，进行移动中的控球训练，然后进行与其他技术的组合训练。

在控球教学与训练过程中，培养球员树立合理选择方法、方向的意识，重视让球员习得正确的控球技术，养成控球结束就是传球或其他进攻动作开始的意识。

一、控球技术

1. 脚底控球

动作方法：两眼注视来球，并向来球方向伸脚迎球，两腿自然分开，脚尖向球前上方伸出。来球即将触及脚底时，脚底顺势随球后引缓冲来球的力量，脚底接球至两腿前方，保持基本站立姿势。

脚底控球

2. 脚内侧控球

动作方法：两眼注视来球，接球脚向来球方向伸出迎球，支撑腿弯曲。当来球即将接触迎球脚时，脚内侧顺势将球向后下引，准备衔接下一个动作。

脚内侧控球

3. 胸部控球

动作方法：两眼注视来球，并向来球方向打开身体迎球，两腿自然分开。当球即将触及胸部时，胸部顺势随球后引缓冲来球的力量，并选择控球方向，保持基本站立姿势。

胸部控球

二、控球技术的运用

比赛中，控球经常是在严密的防守下进行的，有利的控球机会稍纵即逝。因此，控球时应注意以下几点。

（1）控球时要观察、了解场上的情况，积极移动上前迎球，不要等球。摆脱接球时要根据球的位置和对手的情况灵活应变，真假动作虚实结合。充分利用身体和脚步移动抢占有利的空间位置，保证接球安全。

（2）跑动控球要和下一个进攻动作衔接好，球不要长时间停留在脚下，要及时转入传球、运球、突破或射门。

三、控球技术练习示例

练习名称：4V2传抢练习

4V2传抢练习

学习部分：技术。

阶段：技能学习、熟练。

目标：熟练控球技术并合理选择。

建议人数：12人+。

建议时间：20分钟。

场区：20米×20米。

器材：球若干、分队背心。

组织：进攻方经过15次传递后，防守方可增加1名防守队员。要求进攻方每名队员最多触球2次，5分钟练习结束后攻防互换。（图4-1）

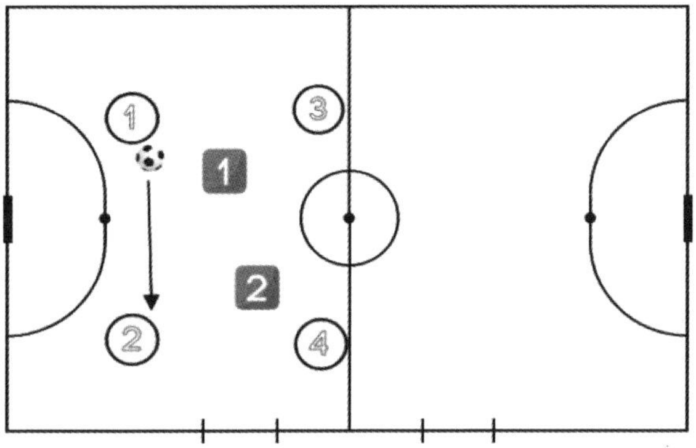

图4-1

指导要点：①尽可能用脚底控球；②移动中接球；③注意接球前观察。④注意控球方向。

变化：①根据训练效果，改变对触球数的限制；②根据训练效果，增减防守球员人数。

第二节　传球

传球是足球比赛中进攻队员之间有目的地转移球的方法，是进攻队员在场上相互联系和组织进攻的纽带，是实现战术配合的具体手段。传球技术的优劣直接影响战术质量和比赛的胜负。

一、传球技术

1. 脚内侧传球

动作方法：持球于身体前方，呈基本姿势站立。传球时，迅速向前伸摆腿，通过小腿摆动用力踢球将球传出。在传球的同时，脚蹬地，身体重心前移，上下肢要协调配合。

脚内侧传球

2. 一脚传球

动作方法：观察来球，呈基本姿势站立。传球时，迅速向前伸摆腿，通过小腿摆动用力踢球将球传出。在传球的同时，脚蹬地，身体重心前移，上下肢要协调配合。

一脚传球

3. 挑传球

动作方法：持球于身体前方，呈基本姿势站立。脚尖接触球的最底部，大腿带动小腿向前方摆动，将球传出。

挑传球

4. 长传球

动作方法：以右脚传球为例，呈基本姿势站立。传球时，左脚向传球方向迈出半步，与球平行，横向离球15~20厘米，左膝关节弯曲，同时右脚立起脚背，摆动大腿带动小腿，脚背接触球的中下部，将球传出。传球后，右脚随之向前迈步，并保持身体平衡。

长传球

5. 脚底传球

动作方法：传球时两眼注视攻守球员移动，身体重心在支撑脚，选择传球路线，将球踩传出去。

脚底传球

二、传球技术的运用

比赛中，传球经常是在严密的防守下进行的，有利的传接球机会稍纵即逝。因此，传球时应注意以下几点。

（1）传球应力求做到及时、准确、快速，便于同伴顺利完成下一个进攻动作。因此，应根据同伴和防守队员的位置、移动速度决定传球力量的大小，选择合理的传球路线和方式，把球传到远离防守队员一侧的位置上，既要避免对方抢断，又要便于同伴接球。

（2）传球队员视野要开阔，全面观察场上情况，不失时机地把球传给处于有利进攻位置的同伴。

（3）传球时要善于运用假动作迷惑对方，摆脱防守的干扰，及时捕捉传球时机，准确地把球传给同伴，做到人到球到。要尽量避免远距离横传球或轻率的挑传球，减少传球失误。

第三节　射门

射门是进攻队员以得分为目的，为将球射入球门而采取的多种专项技术动作的总称。射门是足球比赛唯一的得分手段，是决定一场比赛胜负的关键，是足球技战术运用的焦点，是足球体系的核心。射门技术是决定比赛胜负的关键因素。

一、射门技术

1. 正脚背射门

正脚背射门

动作方法：射门时斜线助跑，支撑脚向球的一侧跨出一大步，击球腿大腿向后微摆，小腿大幅后摆，脚面向下绷紧；支撑腿膝关节略弯曲，击球腿大腿带动小腿顺势摆腿发力，用鞋带交叉处的正脚背击打球的中部，使正脚面充分接触球，顺势大力将球击出。

2.脚内侧射门

脚内侧射门主要分为脚内侧推射和脚内侧弧线射门。

●脚内侧推射

脚内侧推射

动作方法：脚内侧推射动作方法与脚内侧传球方法类似。射门时支撑脚站立在球旁或者球后，膝关节略微弯曲，击球腿迅速向前摆，脚弓固定，控制脚内侧，用脚内侧脚弓之上的区域击打球的中部或中下部，较为精准地将球射向相应方向。

● **脚内侧弧线射门**

动作方法：射门时斜线助跑，支撑脚大步跨上，膝关节略微弯曲，脚掌摆向击球方向；击球脚后摆并发力，让脚内侧足弓中心之上的区域与球的中下部充分接触，在斜向力的作用下将球搓出。

脚内侧弧线射门

3. 凌空射门

动作方法：射门时肩膀正对目标，身体不宜后仰，脚踝带动脚趾绷紧向下，当球落到膝关节以下时，瞄准球的中部或上部进行抽射。需要注意的是，摆腿幅度和射门力量不宜过大，以免影响射门的准确性。

凌空射门

4. 脚尖射门

动作方法：脚尖射门时，击球腿小腿略微折叠，脚腕带动脚趾绷紧，脚趾上翘，迅速击打球的中后部将球击出。

脚尖射门是五人制比赛中独具特色的射门方法，具有较强的隐蔽性与突然性，以达到出其不意的效果。

脚尖射门

5. 挑球射门

动作方法：脚尖挑射时，击球腿的小腿略微折叠，击球瞬间移动小腿，用脚尖接触球的最底部，脚尖勾起同时微抬小腿，将球挑出。

挑球射门

二、射门技术的运用

（1）任何技术动作都是围绕球队战术运用的，射门技术作为绝大部分战术中最终的一环，须服从球队战术。球员应在球队战术需要的情况下，正确使用射门技术。不可盲目射门，导致丧失更好的机会及丢失球权。

（2）在服从球队战术的前提下，五人制比赛中应鼓励更多的射门。五人制足球场地小距离近，在任何空间，理论上都可以射门。足够数量的射门数，会带来更大的进球概率。当控球队员在防守队员远离自己、距离合适，以及出现了预期的射门机会时，应果断起脚。

（3）在高强度的实际比赛中，很难有完全摆脱防守队员及有充分时间瞄准和摆腿的射门机会，因此控球队员应该利用假动作创造射门机会，或者采用更为隐蔽的射门方式（如脚尖捅射），同时应该学会在对抗中保持身体的协调和平衡，从而高质量地完成射门动作。

（4）除了良好的射门技术和身体素质，稳定的心理素质也是射门技术运用的关键。越是重要的比赛，对球员心理的考验便越大。一个优秀的球员应时刻保持信心，当机会来临时，果断是比犹豫不决更好的选择。

三、射门技术练习示例

练习名称：2V1射门练习

2V1射门练习

学习部分：技术。

阶段：技能学习。

目标：提高选择射门时机的能力。

建议人数：12人+。

建议时间：20分钟。

场区：20米×20米。

器材：球若干、分队背心、两球门。

组织：2V1射门球员下场，守方立即增补一名球员参与进攻，交替进行，5分钟后换人换组。（图4-2）

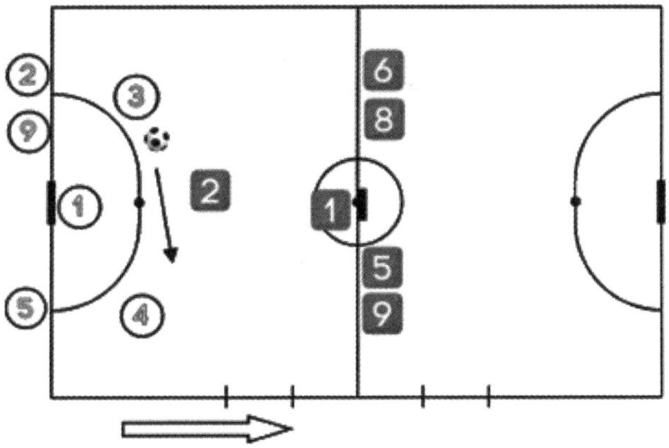

图4-2

指导要点：①观察选择射门时机；②射门准确、有力；③活动中完成射门。

变化：根据训练效果，增减攻守人数。

第四节　运球

运球技术是队员在控球情况下的移动技术。从狭义上讲，运球技术仅是指运球的方法，即用脚的某一部分触球，使球能随运球者一起运动。从广义上讲，运球不仅是让球随人运动，还要使运球技术服务于一定的战术目的。在熟练掌握运球技术的基础上合理运用运球技术，是运球技术的根本目的。合理运用运球技术包括在运球中观察场上局势以及将运球与传球、射门结合起来。

一、运球技术

1. 脚背正面运球

动作方法：运球时身体保持正常跑动姿势，自然放松，上体稍前倾，两臂自然摆动，步幅适中。运球时，运球脚提起，膝关节弯曲，脚跟提起，脚尖下指，用脚背正面向前推拨球前进。

脚背正面运球

这种运球技术多用于高速运球，实战中常用于前方有冲刺空间需要高速带球推进的情况。

2. 脚背外侧运球

动作方法：运球时身体稍侧转并自然放松，上体稍前倾，两臂自然摆动，步幅稍小。运球时，运球脚提起，膝关节弯曲，脚跟提起，脚尖稍内转，用脚背外侧向前侧推拨球。

脚背外侧运球

该运球技术与脚背内侧运球技术有很多相似之处，多用于变向运球，实战中常将两种运球方式结合使用，以达到运球变向突破的效果。

3. 脚内侧运球

动作方法：运球时上体前倾并向里转，支撑脚始终领先于球，踏在球的前侧方，膝关节稍弯曲，重心位于支撑腿

脚内侧运球

上。运球脚提起，脚尖稍外转，用脚内侧推球前进。

该运球技术虽然前进速度慢，但由于身体前倾，能够有效地把对方与球隔离开，起到保护球的作用。

4. 脚底运球

脚底运球

动作方法：运球时上体不宜靠前，步幅较小，重心位于支撑腿上。运球脚提起置于球的正上方，用脚底把球拉向目标方向。脚底运球是五人制足球中独具特色的运球方式，在五人制足球项目中运用广泛。究其原因：在客观上，脚底运球技术符合五人制足球的客观规律，五人制所采用的足球为4号低弹球，较小的尺寸更适合用脚底运球技术；在主观上，脚底运球符合五人制足球的主观需要，理论上可以把球拨向任意一个方向，具有高度灵活性，五人制足球空间小、节奏快的特点要求球员能在最短的时间、最小的空间内做出决定，而具有灵活性的脚底运球技术，便可以满足球员的实际需要。实战中，脚底运球常用于控球和运球突破，以及中锋拿球护球。

二、运球技术的应用

（1）运球技术运用的合理性。合理性应包括合理的时间及合理的方式。合理的时间体现为应该清晰把握运球的时机及停止运球把球传出或者射门的时机。合理的方式体现为应根据实际情况，在不同的场景中使用不同的运球方式，而不是一成不变地盲目运球，要具体情况具体分析。

（2）运球技术运用的适应性。运球技术是服务于球队战术打法需要的，应在掌握球队战术打法的基础上，将运球技术运用得更有价值。

（3）运球技术运用的多元性。运球只是进攻完成前的一个重要过程，合理地将运球技术与多种后续选择结合可以创造绝佳的进攻条件。熟练掌握运球射门结合、运球与传球结合、运球后对二门柱的运用以及运球后与中锋做两人配合是出色运用运球技术的表现。

三、运球技术练习示例

1V1运球练习

练习名称：1V1运球练习

学习部分：技术。

阶段：技能学习。

目标：提高左右脚运球变向的能力。

建议人数：12人+。

建议时间：20分钟。

场区：20米×20米。

器材：球若干、分队背心、4个小球门。

组织：1V1进攻方运球通过2个小球门中任意1个，球运进球门得1分。（图4–3）

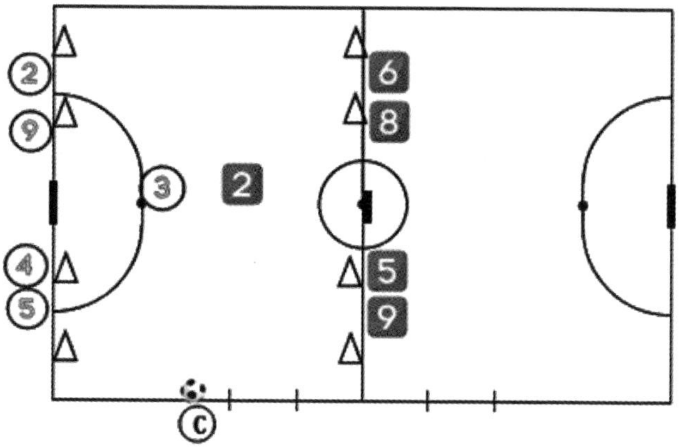

图4–3

指导要点：①观察防守球员位置；②选择运球方向；③变速变向。

变化：①运球通过2个小球门得1分；②运球通过不同的2个小球门得2分。

第五节　带球跑

在足球运动中，带球跑是至关重要的技术环节。带球跑是运球技术的扩展运用，可理解为高速状态下的运球。但带球跑并不等同于运球，运球是利用技术甩开对手的防守，而带球跑则不面对对手的防守，只是带球越过区域。队员能够控制球且快速带球跑，在比赛中就掌握了很大的主动权。

一、带球跑技术

带球跑

较常用的带球跑技术为脚背正面运球，运球时身体保持快速跑动姿势，上体前倾，两臂摆动，步幅较大。运球时脚提起，膝关节弯曲，脚跟提起，脚尖下指，用脚背正面向前推拨球前进。要求带球球员跑动起来，保持一定节奏带球跑，一般三步左右触一次球，快速带球推进。

二、带球跑技术的应用

（1）带球球员要跑动起来，这样才能体现“跑”的意义。

（2）应用适宜的力量趟球，始终将球控制在自己脚下。

（3）在带球跑中脚趟球的次数需适当。如趟球次数过多，势必会降低速度，容易被对手追上；如果趟球次数过少，就会使球与身体距离过大，容易失去对球的有效控制，被对手断抢。

（4）带球跑过程中应注意远离防守队员，以便高效地带球推进。

（5）在带球跑过程中还要注意保持抬头，这样有利于观察场上的形势，可以及时地传球或射门。

三、带球跑技术练习示例

1V1带球跑练习

练习名称：1V1带球跑练习

学习部分：技术。

阶段：技能学习。

目标：提高带球跑的能力。

建议人数：8人+。

建议时间：20分钟。

场区：20米×40米。

器材：球若干、分队背心、标志盘、标志桶。

组织：4人一组，分2组，每组1球，带球跑至对面禁区取1个标志盘返回，将球交给下一名队友，用时最少组获胜。（图4-4）

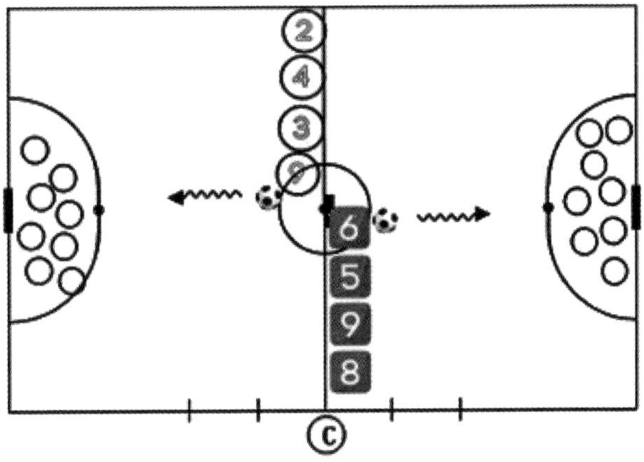

图4-4

指导要点：①观察；②速度；③控制人球间距离。

变化：可以设置单数标志盘，获得标志盘多的组获胜。

第六节 防守技术

防守技术是防守队员为阻碍和破坏对手的进攻，合理运用脚步移动和身体姿势，积极抢占有利位置以达到控制球的目的所采用的各种专门动作的总称。

防守是足球运动攻守对抗的重要组成部分。正确的防守姿势、有利的防守位置、高效的脚步移动是防守的关键因素。防守姿势是前提，选择位置是关键，脚步移动是基础。正确的防守姿势和合理的选位决定防守的效果。

防守由脚步动作、防守位置、距离、姿势、移动、步法、视野等因素构成，要遵循以球为主，“球、人、区”三位一体的防守原则。

脚步动作作为防守队员在防守对手时采用的移动步法，是个人防守技术的基础。防守队员为破坏对手的进攻意图，必须采用行之有效的防守动作和适宜的脚步移动。一般情况下，防守队员在防守过程中为保持身体平衡，便于向各个方向移动，多采用滑步，同时配合其他步法完成防守任务。

一、防守的位置和距离

进攻队员接球的一瞬间，防守队员应及时靠近对手，保持适当的距离，并采用正确的防守姿势积极移动，拦截和干扰对手进攻。如进攻队员运球突破技术较差，防守队员应主动靠近进攻队员；如进攻队员运球突破技术强，防守队员应选择稍远离进攻队员，并站在拦截其突破的路线上。

二、防守步法

防守持球队员的步法主要有平步和斜步两种。不管采用何种步法，都要以灵活的脚步动作为基础，抢占有利的防守位置，争取防守的主动权。

1. 平步步法

两脚平行开立平步步法的优点是防守面积大，便于左右移动，对防射门较有利。

平步步法

2. 斜步步法

两脚前后开立斜步步法便于前后移动，对防突破较为有利。

斜步步法

三、防守持球队员的基本要求

（1）当对手接球时，要及时靠近对手，保持在能够干扰到对方的距离内。

（2）要观察判断对手的进攻意图，合理地运用防射、防突和防传等技术，不要轻易被对方的假动作所迷惑。

（3）要及时发现对手的进攻技术特点，采取有针对性和攻击性的防守策略及行动。

（4）对手运球时，要迫使对手停球；对手停球后，立即上前紧逼；对手射门时，要积极封堵。

四、防守持球队员的技术

1. 防运球

防运球

在一般情况下，为了不让对手运球超越自己，防守队员应与对手保持1米左右的距离，两腿弯曲，在积极移动中保持正确的防守姿势，随时准备抢、断球。为了达到战术目的，可采用放其一侧，即“堵中放边”的策略，诱使对方向边路运球，然后迫使其停止运球，造成协同防守——夹击。

2. 防突破

防突破

防突破的位置和距离选择，应根据持球的对手离球门的远近和对手特点而定。防守队员应站在进攻的持球队员与球门之间贴近对手的位置上，并采用正确的防守姿势。如持球队员由向防守队员右侧变为向左侧突破时，防守队员应迅速撤步，向左侧斜后方滑步，切断其突破路线。如进攻队员变射门向防守队员右侧突破时，防守队员应迅速蹬地向右侧斜后方做后撤步，并伴随对手做横滑步，切断其突破线路，使其被迫改变动作方式和动作方向。

3. 防射门

防射门

防对手中距离射门时，应站在对手与球门之间贴近对手的位置上，两脚前后斜站，屈膝直腰，干扰和影响其射门。防守者重心略偏前脚，脚下要不停地前后碎步移动，以防其传球，注意保持身体平衡，以便随时变换防守动作。

4. 防传球

防传球

持球队员离球门较远时，主要的传球线路是传中锋球和转移球。因此，防守者应注意随球动而采取封堵动作，动作突然、快速、准确，注意保持身体平衡，避免被对手摆脱或造成犯规。

第五章
进攻战术

进攻是球队采用的一种传球和控制球的战术，它以球门为目标，目的是取得进球，并且获取胜利。进攻方必须知道如何在比赛中灵活运用传球和控制球技术，在技术和信心上与对手对抗。

第一节　直接进攻

直接进攻是寻找最快的进攻线路和方式进攻，快速转换，一般移动和进攻人数少，多采用中长传。

一、1V1进攻

学习部分： 进攻。

阶段： 技能学习、熟练。

目标： 1V1创造得分机会。

建议人数： 10人+。

建议时间： 20分钟。

场区： 20米×20米。

器材： 球若干、球门2个、分队背心。

解释： 在进攻中属于简单直接的方式，大多出现于边路，利用跑动获得空间后，对防守人进行突破射门。

组织： 守门员发球给边路进攻球员时，中路防守球员靠近并开始防守，进攻球员进行1V1的进攻。（图5–1）

1V1进攻

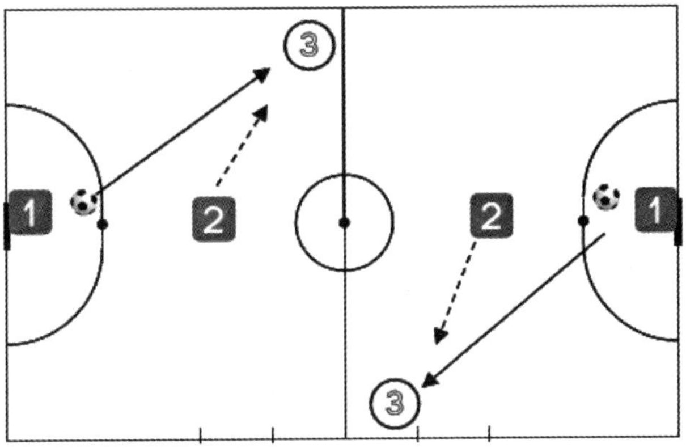

图5–1

指导要点：①体现自信心；②需要将球控制在脚下；③以摆脱防守加速完成射门为目的。

变化：可全场循环进行，守门员发球给另外半场的进攻球员，进攻后留在本半场做防守。

二、守门员手抛球给中锋

守门员手抛球给中锋

学习部分：进攻。

阶段：技能学习、熟练。

目标：中锋接守门员手抛球转身射门的能力。

建议人数：10人+。

建议时间：20分钟。

场区：20米×40米。

器材：球若干、球门2个、分队背心。

解释：一种常用的进攻方式，守门员直接手抛球给中锋，不需要在地面上传控球和移动，直接获得对方后场的进攻空间。

组织：守门员后场禁区内直接手抛球给中锋，一般抛向中锋将要移动的位置，可精确到具体部位（脚底、胸部等），中锋接球后控制好球，然后转身射门。（图5–2）

指导要点：①手抛球和中锋移动的时机；②球的速度。

变化：中锋可在对方半场随意移动，并且加入一名防守球员。

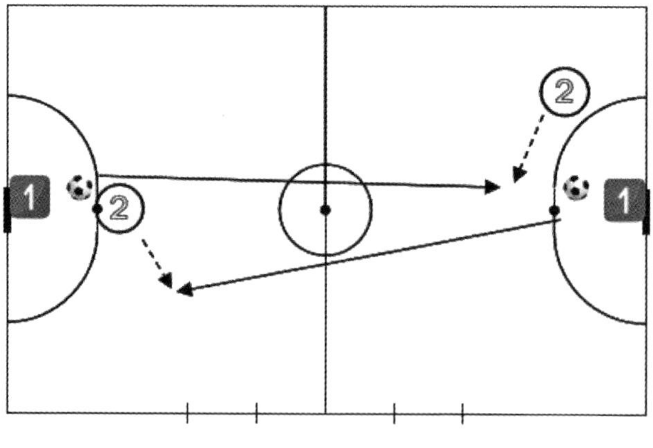

图5–2

三、边路球员传球给中锋

学习部分：进攻。

阶段：技能学习、熟练。

目标：中锋接球转身射门和回传球的能力。

建议人数：10人+。

建议时间：20分钟。

场区：20米×20米。

器材：球若干、球门2个、分队背心。

解释：处于球场边线位置的球员得球后，直接传球给中锋，中锋可以接球转身射门，也可以回传组织进攻。

组织：边路球员传球给中锋，然后做向边路或中路的移动，接中锋回传球射门或中锋直接转身射门。（图5–3）

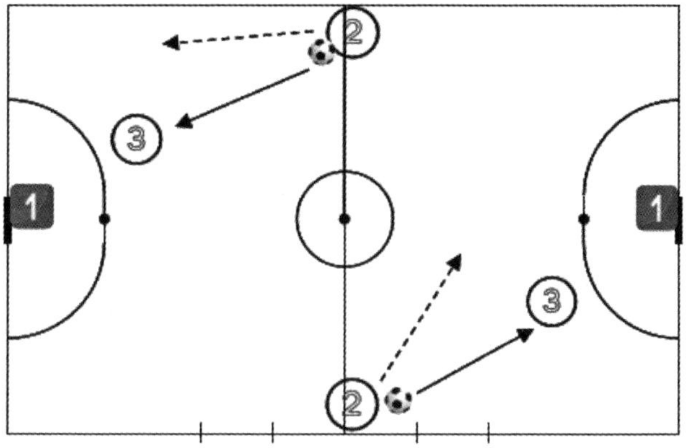

图5–3

边路球员传球给中锋

指导要点：①观察中锋的位置；②传球的准确性；③根据中锋停球的方向选择接应位置。

变化：①增加中圈第一传球人，传球给边路球员，传球后到边路，循环进行；②加入一名边路的防守球员，只负责对边路球员防守，不限制中锋。

四、撞墙二过一、边直线

学习部分：进攻。

阶段：技能学习、熟练。

目标：边路球员2V1的能力。

建议人数：12人+。

建议时间：20分钟。

场区： 20米×30米。

器材： 球若干、球门2个、标志桶、分队背心。

解释： 同一队两名或两名以上球员进行传球，撞墙接应传球触球一次，越过一个或多个防守球员。如果撞墙接应的进攻球员没有更好的接球空间，可以继续移动接应，以边线为垂直线，传球给移动接应的进攻球员。

组织： 边路球员传球给中路球员后做横向的移动，另一边球员得球后可进行二过一或边直线的传球。（图5-4）

指导要点： ①接应的时机；②传球的时机和速度；③传球的线路。

变化： 可加入边路防守球员。

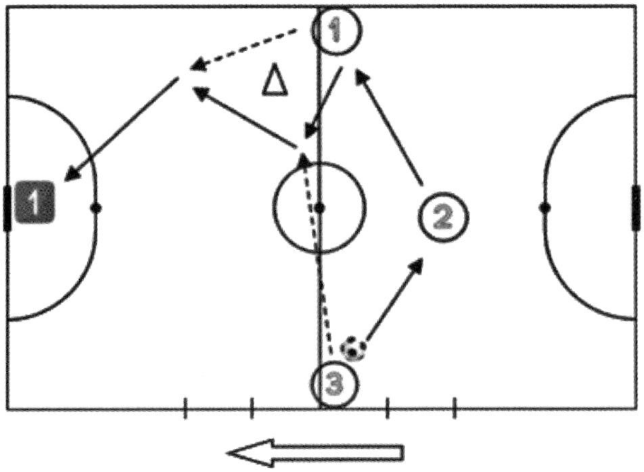

撞墙二过一

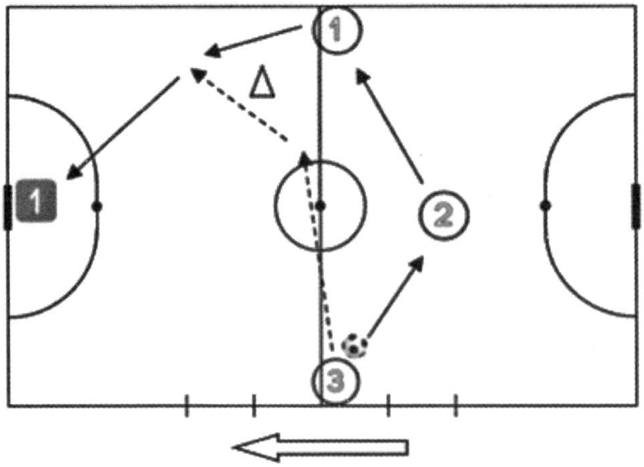

边直线

图5-4

第二节 联合进攻

联合进攻的特点：①逐步进攻对方球门，保持控球；②每次进攻都有许多个人和集体动作；③总进攻次数较少。

一、延缓进攻等待支援

学习部分： 进攻。

阶段： 技能学习、熟练。

目标： 传球与接应的能力。

建议人数： 10人+。

建议时间： 20分钟。

场区： 20米×40米。

器材： 球若干、球门2个、分队背心。

延缓进攻等待支援

解释： 这种方式是控制球权的球队延缓进攻，以获得战术上的有利形势。

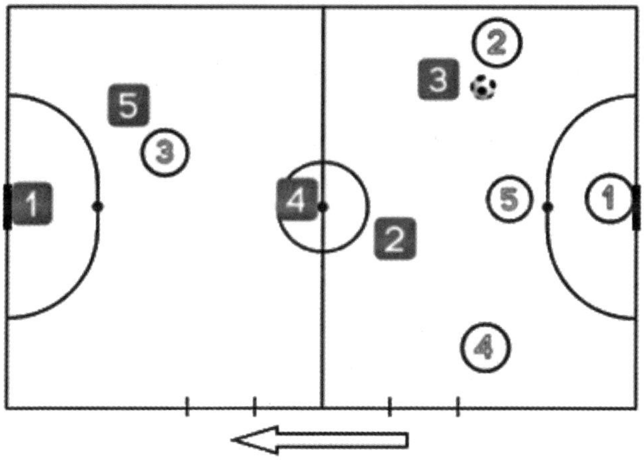

图5-5

组织： 进攻方后场3名球员，前场1名球员。防守方前场2名球员，不能回到本方后场进行防守，中圈协防球员在进攻方前场球员没有得到球之前，只能在中圈进行防守。进攻方得到后场球员的传球后，可有2名进攻球员进入前场进行支援，此时防守方中圈协防球员可回本方后场进行防守。（图5-5）

指导要点： ①传球的准确性和隐蔽性；②身体各部位对球的控制；③观察支援球员的位置；④支援球员的速度和假动作。

变化： 前场球员得球后，攻守两队可各加入一名球员。

二、改变比赛速度（比赛节奏）

改变比赛速度
（比赛节奏）

学习部分：进攻。

阶段：技能学习、熟练。

目标：传接球速度节奏变化的能力。

建议人数：10人+。

建议时间：20~30分钟。

场区：20米×40米。

器材：球若干、球门2个、分队背心。

解释：这种方式通过提高或降低一名或几名球员控球时的动作速度，改变比赛节奏，其目的是奇袭对手，创造有利的进攻局面。

组织：两队比赛，每队4名球员和1名守门员。在本方半场，每队都必须以较慢的速度进行比赛，即大量的个人移动、控球、盘带和更小的机动性。在对方半场，每队必须以较快的速度进行比赛，并试图在不断移动的基础上突然射门。（图5–6）

指导要点：本方半场与对手半场节奏间的区别。

变化：在比赛开始前宣布比赛情况：如某队2∶0领先，试图放慢比赛速度。

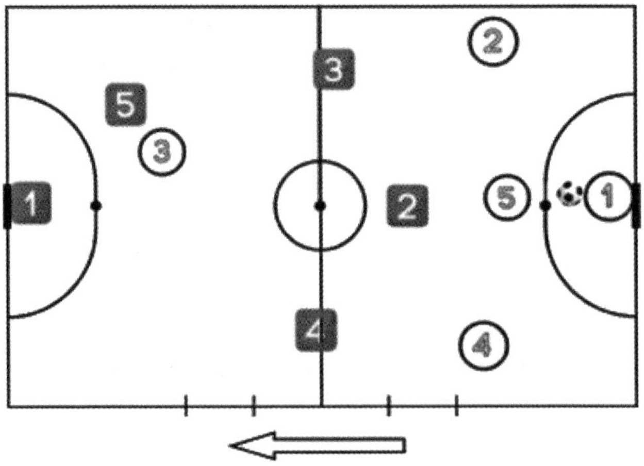

图5–6

三、可用的进攻空间

学习部分：进攻。

阶段：技能学习、熟练。

目标：传接与向前进攻的能力。

建议人数：10人+。

建议时间：20~30分钟。

场区：20米×30米。

器材：球若干、标志桶若干、分队背心。

可用的进攻空间

解释：控球的球队进行移动，以使球向对手的球门前进。例如：防守方后卫身后有空间，而且守门员无法碰到球，进攻方前锋进入这个空间，等待队友的传球。

组织：利用2/3场地进行，进攻方3人传球15次得分，攻入防守方身后小门也得1分。防守方断球后可进攻对方小门，或者继续控球，伺机回传给底线第三名球员，进攻方失误球员离场去底线等待攻守转换后的支援。（图5-7）

指导要点：①用假动作来为自己或队友创造空间；②时刻注意防守球员的位置；③接球时总是有传球的时机。

变化：扩大比赛场地，攻守方各加入一名球员；要求一名进攻球员总在前场（限制区域）进行接球。

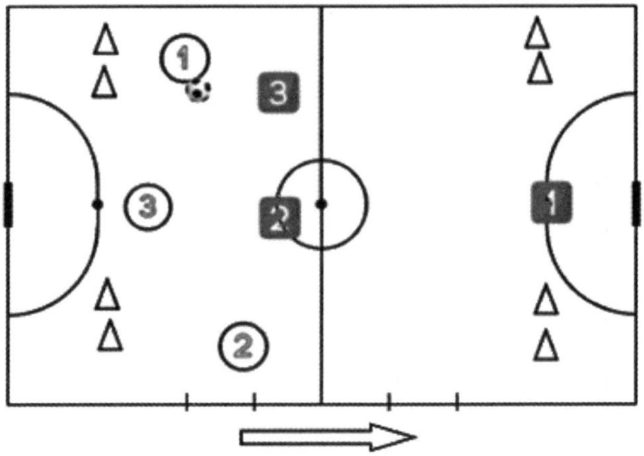

图5-7

第三节　无球移动

无球移动是在进攻方控球时，没有控球的其他球员完成的移动，一般一次或多次反复地进行。无球移动时需要理解战术，做出更合适的移动，以获得有利空间。

一、斜线跑

学习部分： 进攻移动。

阶段： 技能学习、熟练。

目标： 传球后斜线方向接球的能力。

建议人数： 10人+。

建议时间： 20分钟。

场区： 20米×20米。

器材： 球若干、球门2个、分队背心。

解释： 当球权在本方，控球队员向边线或底线方向做非直线的移动接应。

组织： 有球球员传球给队友后，进行反方向的直接移动接应，得到球后完成射门。（图5–8）

指导要点： ①始终观察球；②在跑动中始终做好接球准备。

变化： 加入一名防守球员，边路球员可运用任何传球方式（短传或长传）。

斜线跑

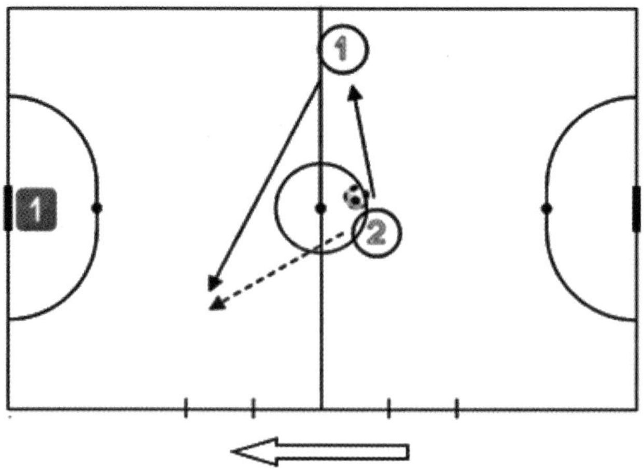

图5–8

二、变速变向跑

变速变向跑

学习部分： 进攻移动。

阶段： 技能学习、熟练。

目标： 传球后变速变向的接球能力。

建议人数： 10人+。

建议时间： 20分钟。

场区： 20米×20米。

器材： 球若干、球门2个、分队背心。

解释： 当球权在本方，控球队员向任意方向进行加速摆脱和二次方向变化的移动接应。

组织： 有球球员传球给队友后，进行加速跑并且有第二次变向的间接移动接应，得到球后完成射门。（图5-9）

指导要点： ①真实的第一次加速移动；②第二次变向的突然性；③始终观察球；④在跑动中始终做好接球准备。

变化： 跑动线路可变化为先向内线移动再向外线变向。

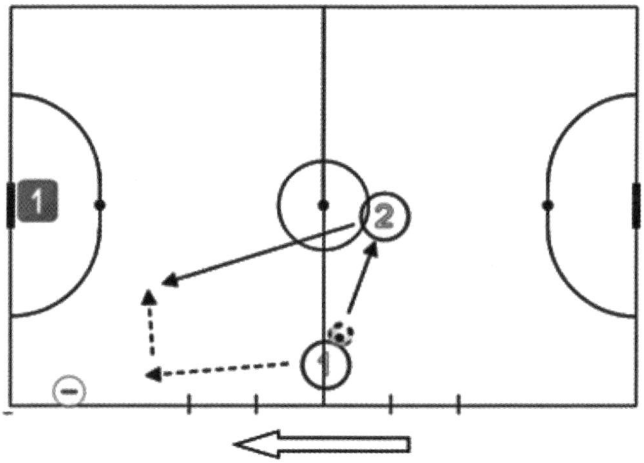

图5-9

三、鱼钩跑

学习部分： 进攻移动。

阶段： 技能学习、熟练。

目标： 传球后利用方向变化回接球的能力。

建议人数： 10人+。

建议时间： 20分钟。

场区： 20米×20米。

器材： 球若干、球门2个、标志桶、分队背心。

鱼钩跑

解释： 当球权在本方，更多的是将球传给边路球员时，向进攻底线方向进行摆脱加速跑后，再次向原方向回接，此行为形成鱼钩型跑动线路的移动接应。

组织： 中路球员传球给任意边路球员，针对身前防守标志物先进行外侧移动，再马上向持球人方向进行快速绕回接应，通过转移球完成进攻。（图5–10）

指导要点： ①多利用身体做假动作；②速度的变化；③跑动绕回的时机。

变化： 加入进攻球员进行4–0阵型的进攻移动（多次的鱼钩跑接应）。

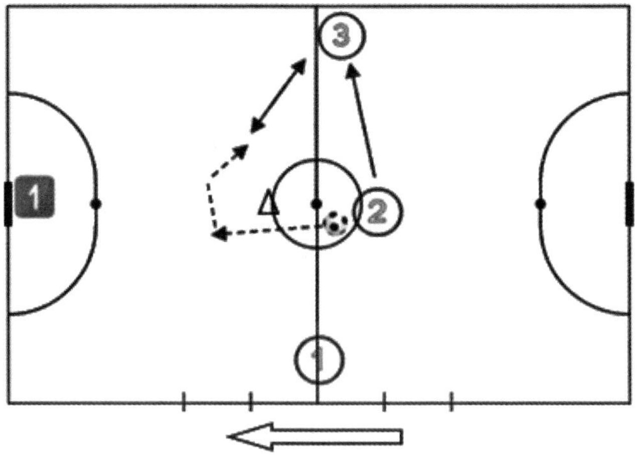

图5–10

四、断线跑

断线跑

学习部分： 进攻移动。

阶段： 技能学习、熟练。

目标： 传球后具有欺骗性的长距离接球的能力。

建议人数： 10人+。

建议时间： 20分钟。

场区： 20米×20米。

器材： 球若干、球门2个、分队背心。

解释： 当球权在本方，以控球队员为出发点，站位与第三名球员形成一条直线，控球球员传球于此条直线，中路球员不接球直接假动作加速移动到有利空间，等待第三名球员接球后的传球。

组织： 3名球员进攻训练，边路球员持球，中路球员先向持球人反方向进行假动作移动后，主动向持球人移动进行接应，持球人将球传向另一边路球员，球要从中路球员的身边快速通过，而中路球员向接球人反方向进行接应，完成射门。（图5-11）

指导要点： ①接球的时机与线路；②观察球；③加速摆脱。

变化： ①由中路球员开始传球给任意边路球员，再进行假动作摆脱与断线跑；②加入防守球员。

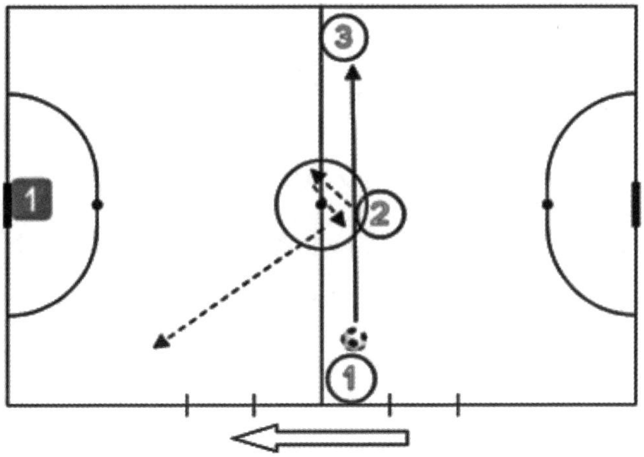

图5-11

五、挡拆加速跑

学习部分：进攻移动。

阶段：技能学习、熟练。

目标：传球后斜线方向给队友支援（挡拆）接球的能力。

建议人数：10人+。

建议时间：20分钟。

场区：20米×20米。

器材：球若干、球门2个、标志桶、分队背心。

挡拆加速跑

解释：当球权在本方，跑向控球球员面前的防守者，身体直立挡住防守者要移动的方向，使队友得到摆脱并更好地控制球后，加速移动到有利空间进行接应。

组织：中路球员传球给任意边路球员后，跑向防守障碍物做身体直立的挡拆动作（确认要挡住位置），再做向前的加速跑动接应获得空间，边路接球人快速将球转移给另一边路球员，中路球员接传球完成射门。（图5-12）

指导要点：①对防守球员挡拆的时机和时间；②观察球；③加速摆脱。

变化：①加入1~2名防守球员；②可改为纵向挡拆，边路球员持球，中锋移动进行挡拆，再向前进行加速跑动接应。

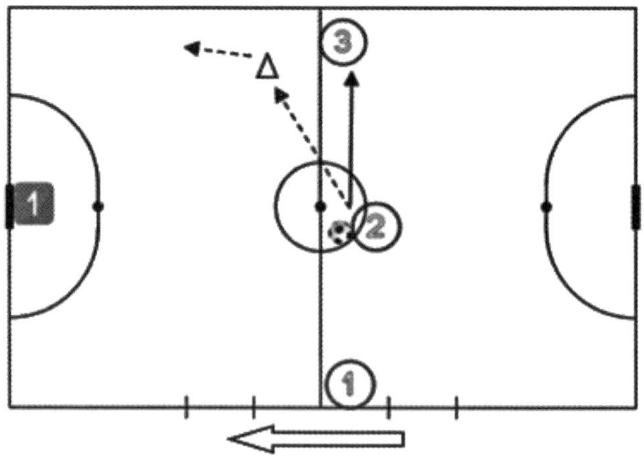

图5-12

六、摆脱跑

学习部分：进攻移动。

阶段：技能学习、熟练。

目标：传球后任意方向摆脱防守接球的能力。

建议人数：10人+。

建议时间：20分钟。

场区：20米×20米。

器材：球若干、球门2个、分队背心。

摆脱跑

解释：当球权在本方，以控球队员为出发点，向任意方向移动接应，通过速度变化或利用假动作摆脱防守自己的球员，获得接球的有利空间。

组织：两半场各一组进行一种跑动摆脱防守球员，接球后完成射门的练习。跑动球员可以加速、停顿或向持球方向跑动接应，也可以加速跑动再向反方向跑动接应。（图5–13）

指导要点：①跑动接应速度的变化；②观察防守球员和持球人；③假动作要逼真并且具有突然性。

变化：边路进攻球员传球给中路球员后，做任意方向的摆脱跑动，以获得球权完成进攻。

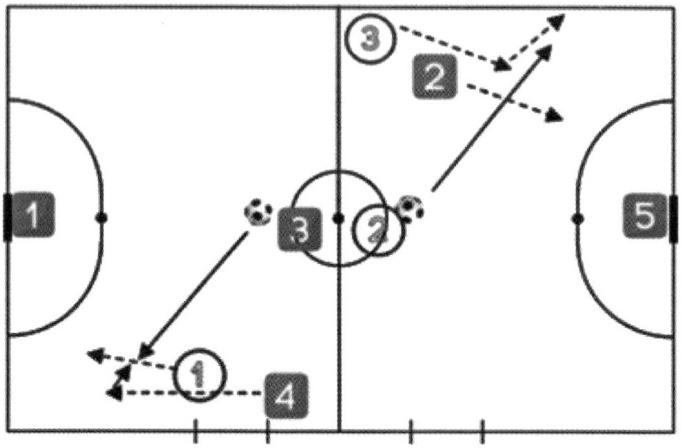

图5–13

第四节　反击（多打少）

反击是本队重新获得球权后，在尽可能短的时间内向对方球门快速前进。反击时要注重精确度，充分利用场地宽度、长度和自身的速度。

一、2V1进攻

学习部分： 进攻（多打少）。

阶段： 技能学习、熟练。

目标： 短时间完成以多打少创造射门的能力。

建议人数： 10人+。

建议时间： 20分钟。

场区： 30米×20米。

器材： 球若干、球门2个、分队背心。

2V1进攻

解释： 重新获得球权后，2名球员需要在短时间内利用有利空间，进行传球或以突破的方式进攻。

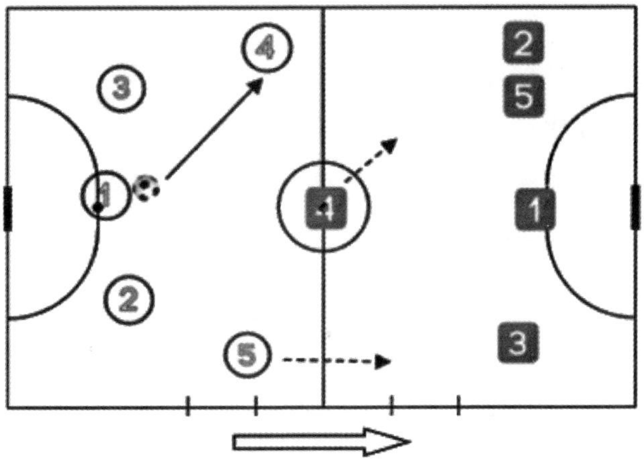

图5–14

组织： 每队5名球员或更多，由守门员发球给任意进攻球员开始进行2V1进攻。进球后进攻方继续进攻，一旦防守方断球加入一名球员开始进攻，失误的球员立刻离场，循环进行。（图5–14）

指导要点： ①以快速、合理、简单的方式完成射门；② 3~4秒或最多3次传球完成射门；③射门的决心。

变化： 防守方断球后立刻回传本方守门员，加入一名进攻球员，增加连续转换能力和2V1的进攻次数。

二、3V2进攻

学习部分： 进攻（多打少）。

阶段： 技能学习、熟练。

目标： 短时间完成以多打少创造射门的能力。

建议人数： 12人+。

建议时间： 20~30分钟。

场区： 30米×20米。

器材： 球若干、球门2个、分队背心。

3V2进攻

解释： 重新获得球权后，3名球员需要在短时间内利用有利空间进行传球或以突破的方式进攻。

组织： 每队7名球员或更多，由守门员发球给任意进攻球员开始3V2进攻。进球后进攻方继续进攻，一旦防守方断球加入一名球员开始进攻，失误的球员立刻离场，并且有时间的限制，循环进行。（图5–15）

指导要点： ①以快速、合理、简单的方式完成射门；②靠近底线的无球队员对二门柱位置和线路的把握；③射门的决心。

变化： 防守方断球后立刻回传本方守门员，加入一名进攻球员，增加连续转换能力和3V2的进攻次数。

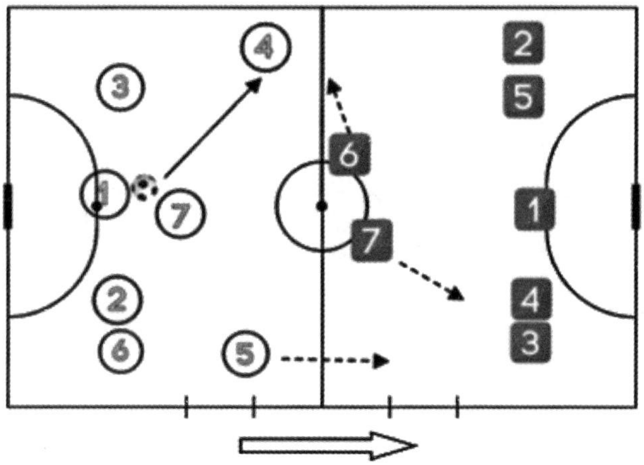

图5–15

三、4V3进攻

学习部分：进攻（多打少）。

阶段：技能学习、熟练。

目标：短时间完成以多打少创造射门的能力。

建议人数：12人+。

建议时间：20~30分钟。

场区：40米×20米。

器材：球若干、球门2个、分队背心。

解释：重新获得球权后，短时间内形成人数上的优势，4名球员可同时进行快速的进攻，以传球或突破的方式进行。

组织①：每队各5名球员，防守方有一名球员限制在对方10米点以内进行防守，进攻方同样有一名球员限制在对方半场的10米点以内，通过第一个防守球员的区域后，进行4V3的进攻练习，并且有时间的限制，防守方断球后，重新组织进攻。（图5–16）

指导要点：①传球的准确性和抉择能力；②更快速的反应速度和反应能力；③快速转换的能力；④对射门的把握和决心。

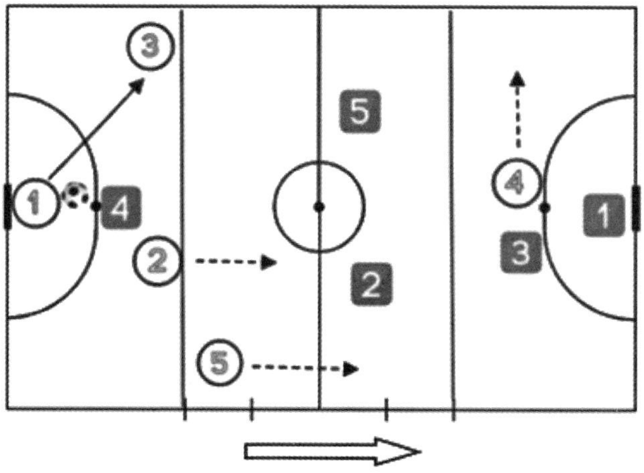

图5–16

4V3进攻组织一

组织②：每队各5名球员，防守方有一名球员在对方10米点罚球，罚完球跑到底线才能再次进入场地进行回追防守，守门员快速将球发给进攻方任意球员进行4V3的进攻练习。防守方断球后，有一次反击的机会。（图5–17）

指导要点：①传球的准确性和抉择能力；②更快速的反击速度和反应能力；③对射门的把握和决心。

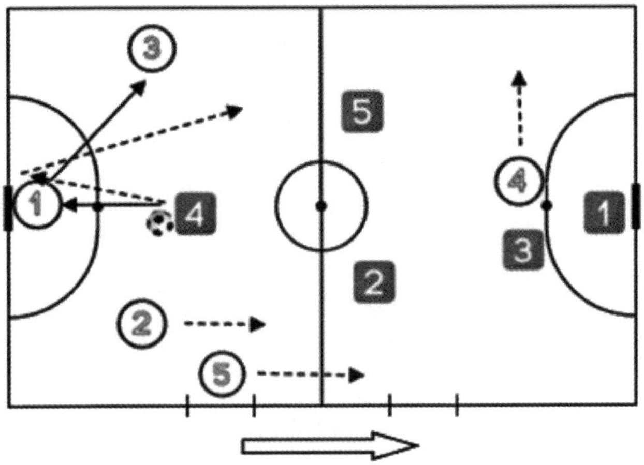

图5–17

4V3进攻组织二

第六章
防守战术

第一节　防守战术概述

一、防守类型

1. 半场防守

在本方半场站位，等待对方靠近中线，再通过整体耐心的防守来获得控球权。

2. 全场紧逼

在对方半场10米线附近，通过整体站位防守给予持球人和空位球员高压力，迫使对方失误，获得控球权。

3. 半场防守结合全场紧逼

在本方半场站位，等待对方靠近中线，慢慢给予对方压力从而迫使对方后退，过渡到全场紧逼。

二、防守原则

防守需要遵循以下两个基本原则。

1. 球线以后防守

本方4名防守球员，跟随球的方向移动，但是全部在进攻方的球线以后进行防守。（图6–1）

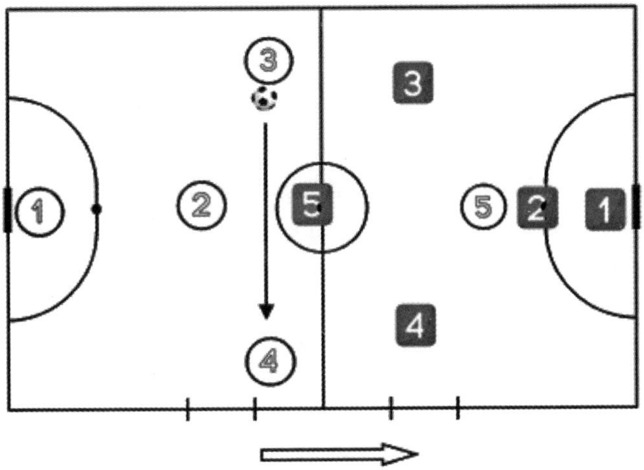

图6-1

2. 关闭中场防守

保护中场，4号和5号向中场靠拢，不能让进攻方轻易将球传给中锋。（图6-2）

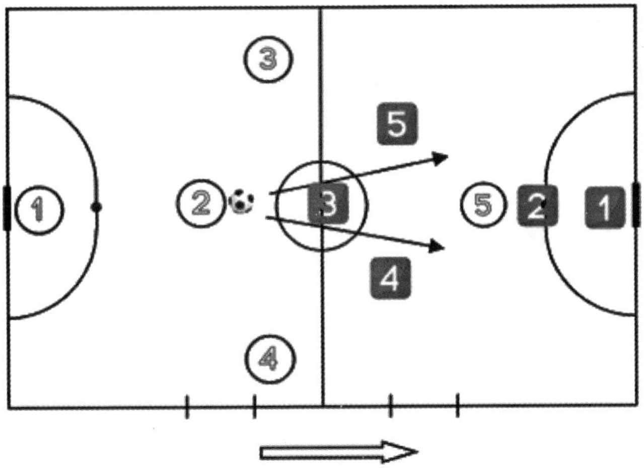

图6-2

第二节 盯人

在比赛中对对方每一名球员形成一对一的防守，原则上不采取换防。

优点：进攻球员在自己的视野范围内，不容易漏防。

缺点：对球员的个人防守能力和体能要求极高。

一、人盯人

1. 半场人盯人

在本方半场等待对方靠近中线后，对持球人和非持球人进行人盯人防守。半场人盯人防守压缩了对方的进攻空间，使对方移动、突破、传球难度增加，进而导致失误，从而获得控球权和反击机会。（图6-3）

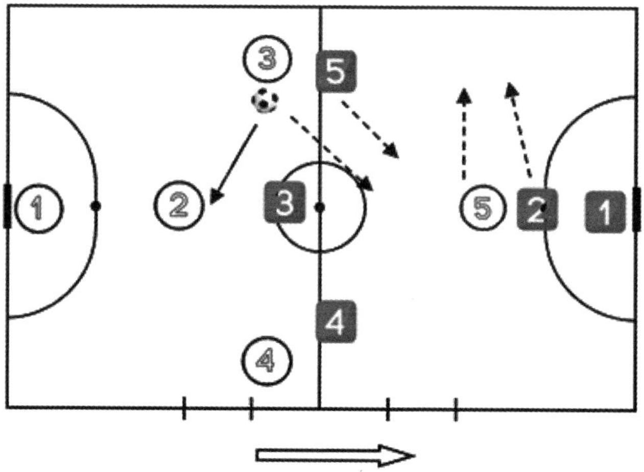

半场人盯人

图6-3

2. 全场人盯人

在对方半场10米点附近开始全场紧逼人盯人防守，快速靠近持球人和非持球人，给予持球人极大压力，使其控球不佳。当持球人侧身或背身时，防守队员积极上抢，争取夺回控球权，获得离对方球门距离更近的进攻机会。（图6-4）

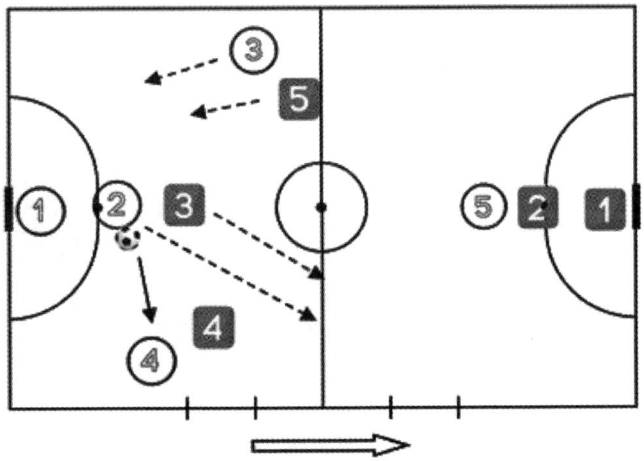

全场人盯人

图6-4

二、区域盯人

在五人制足球比赛中，在不同位置盯人，上抢的时机、站位、方向都有所不同。

在对持球球员进行盯人时，要注意靠近时机，其他进攻球员的位置改变和本队队友的防守位置改变，封堵方向会有所不同，如关闭中场、封闭回传线路或踩边线逼迫对手横向移动。

初始站位，关闭中场，球传到边路，中锋拉边接球，图6-5中防守3号可采取踩边线封堵传中锋线路，逼迫对方横向传球移动。

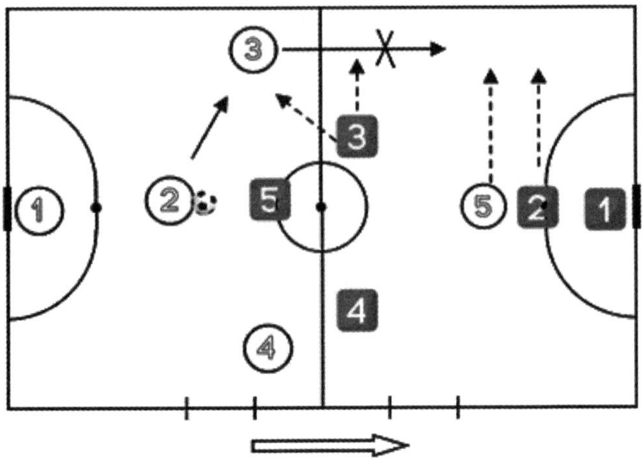

区域盯人（半场）

图6-5

在防守对方中锋时，可根据场上情况，适当抢占中锋身前位置进行防守，配合队友紧逼或减少中锋接球次数。（图6–6）

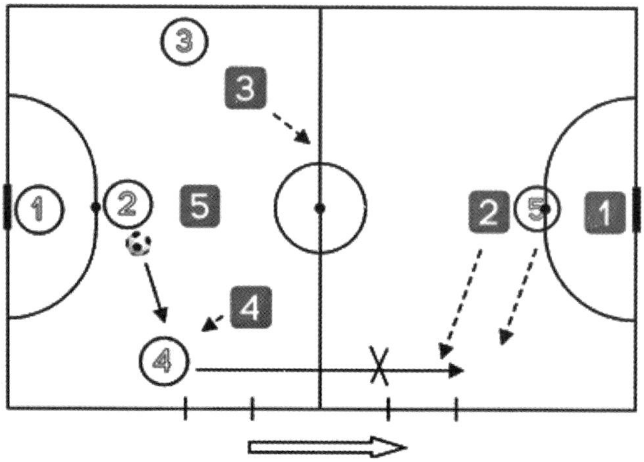

图6–6

第三节　区域防守

区域防守的防守目标不是进攻球员而是球和传球线路，区域防守以控制防守区域和传球线路为重点，把持球人的运球和传球线路往边路压迫，放弃远点球员，从而形成局部以多防少。

优点：可减少对手控球时间，节省体能，以多防少。

缺点：对防守球员的协防意识和默契程度要求极高。

一、协防

在区域防守时，第一防守球员对对方进行压迫，第二防守球员准备放弃自己的盯防球员上前进行保护。

1. 区域防守

持球球员将球传向边路，防守方5号封闭回传线路，压迫进攻方将球往边路发展，2号保护5号身后，3号补位防守5号，放弃远点球员，在边路形成以多防少。（图6–7）

2. 协防

防守方2号随时准备保护5号身后空当，3号补位2号协防中锋，4号回撤保护中路。（图6-7）

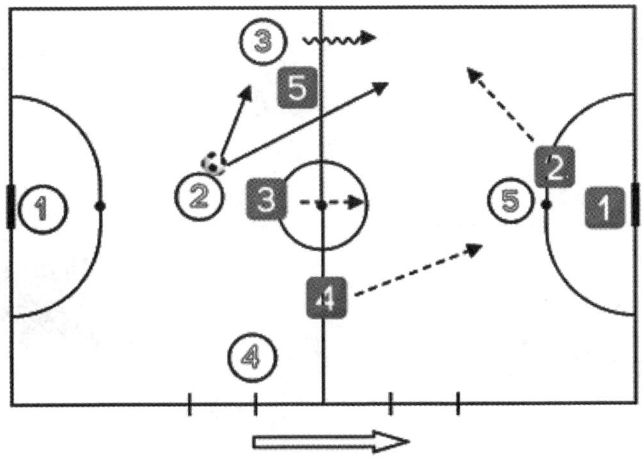

协防

图6-7

二、改变位置

区域防守时，在局部防守不成功，球被传到远点球员时，离球最近的防守队员需快速进行补位，其他防守球员进行轮转，改变自己的防守位置。（图6-8）

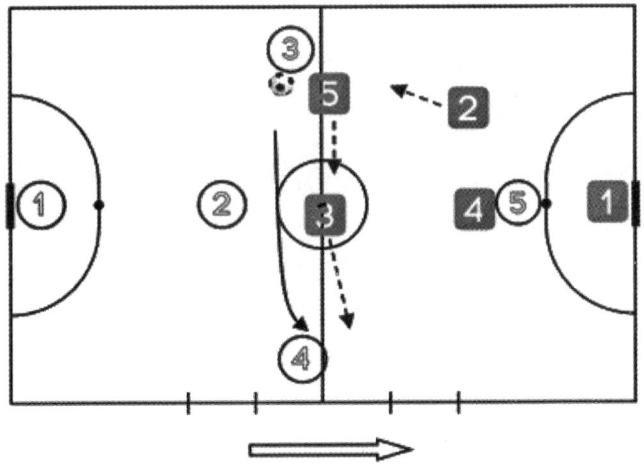

改变位置

图6-8

三、区域防守结合人盯人

在特定区域或者特定情况下，可以采取区域防守和人盯人相结合。①在对方球员交换位置移动，换防时间比较多时，可进行区域站位换防；②在对方球员交换位置移动，本方球员有很好的默契和相互交流时，可进行区域站位换防；③在对方半场区域防守，利用区域站位对进攻方传球线路进行控制和压迫，本方半场利用人盯人减少进攻方传球线路。（图6–9）

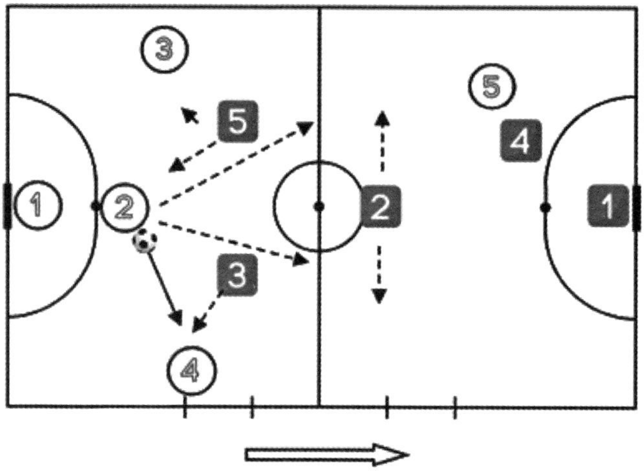

区域防守结合人盯人

图6–9

第四节　以少防多

以少防多是要延缓对方进攻速度、快速压缩对方进攻空间，以及切断对方一条进攻线路，争取形成局部人数对等。

一、1V2防守

延缓对方进攻速度，同时退回本方10米点附近，压缩对方进攻空间，控制对方横传线路后靠近持球人，压迫对手将球向边路发展，如对方横传球，守门员出击和持球人形成一对一，防守队员紧盯非持球人。

练习名称：以少防多1V2练习

以少防多1V2

阶段：技能练习。

目标：以少防多阻止对手射门得分。

建议人数：14人+。

建议时间：20分钟。

场区：20米×40米。

器材：球若干，球门2个，分队背心。

组织：守门员发球，3号和4号进攻，2号防守，进攻结束后不停止练习。如2号防守队员断球则转为进攻，3号成为防守队员。进攻结束后守门员继续发球，防守球员轮换防守，1分钟后停止练习，换下一组练习。（图6–10）

指导要点：①球发出后，防守球员在封住对方横传线路延缓进攻的同时，退回至本方半场10米点附近；②退至本方10米点附近，封住对方横传线路的同时，靠近进攻持球队员，压迫持球队员做出下一步选择；③如持球队员选择带球或射门，防守队员应全力跟防或封堵，如持球队员选择把球传给远点同伴，防守队员应全力贴身跟防进攻队员，守门员出击封堵，形成局部2V2。

变化：可采用多球制。防守队员断球后，教练员再次给球，进攻球员继续进攻至结束，考验防守球员二次选位和选择的能力。

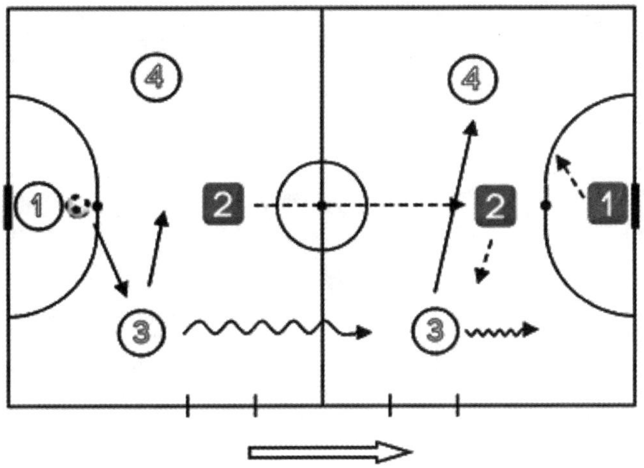

图6–10

二、2V3防守

延缓对方进攻速度，快速退至本方10米点附近，切断对手一条传球线路，压迫持球人向边路发展，形成局部人数相等，然后同时靠近抢断，如球传到空位球员，守门员出击协防。

练习名称：以少防多2V3练习

阶段：技能练习。

目标：利用守门员或封堵线路形成以多防少。

建议人数：12人+。

建议时间：30~40分钟。

场区：20米×40米。

器材：球若干，球门2个，分队背心。

组织：守门员发球，2号、3号和4号进攻，5号和6号防守，4号为中间人只进攻不防守。进攻结束或被断球后不停止练习，3分钟后停止，换下一组练习，每组练习中间人轮换。（图6-11）

以少防多2V3

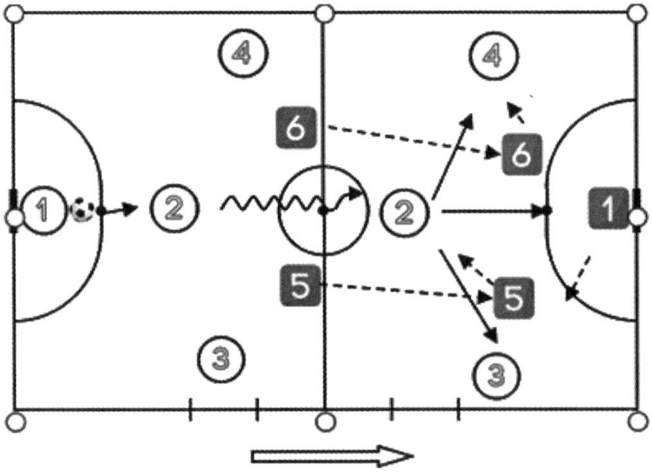

图6-11

指导要点：①球发出后，防守队员延缓进攻方进攻速度的同时退至本方半场10米点附近，在退防时尽量迫使进攻方把球向边路发展，但不能让球越过防守线。②退至本方10米点附近后，第一防守球员根据对手的控球脚或带球方向，封住一条传球线路并靠近持球人，在10米点外压迫持球人做出下一步选择。③持球人做出选择后，防守方采取针对性行动。如持球人选择射门，第一防守人需要全力封堵；如持球人传给近点球员，第二防守人要封堵横传线路并快速靠近，压迫球只能往边路发展；如持球人传给远点球员，守门员出击封堵，其他球员人盯人，形成3V3。

变化：可采用多球制。防守队员断球后，教练员再次给球，进攻球员继续进攻至结束，考验防守球员二次选位和选择的能力。

三、3V4或3V5防守

以少防多主要有两种情况：一种是对方反击，短时间的以少防多；另一种是因受伤或被罚下一人后，较长时间的以少防多。

1. 对方反击时的以少防多

快速退回本方半场，一名球员靠近持球人，切断横传和斜传线路，压迫持球人向边路发展进攻，其余两名球员协防保护，失球队员快速回位，形成人数对等。

2. 因受伤或被罚下一人较长时间以少防多

这种情况下有两种站位方式：1–2正三角站位和2–1倒三角站位。

（1）1–2正三角站位

在本方10米点附近展开防守，前面1人兼顾2~3名进攻球员，根据球的运行线路横向移动，后面2名球员在球门两侧跟随球的移动方向协防，如出现较大空位漏人，后面2人快速协防，形成轮转互换位置。

练习名称：3V4时1-2正三角形站位

阶段：技能学习。

目标：利用前面1人移动封堵，形成局部人数对等。

建议人数：14人+。

建议时间：30分钟。

场区：20米×40米。

器材：球若干、球门2个、分队背心。

1-2正三角形站位

组织：由守门员发球，5号为自由人，进攻结束或被断球后，不停止练习，防守方由守转攻，5分钟以后换组练习。（图6-12）

指导要点：①防守队员在延缓进攻方进攻速度的同时，退至本方10米点附近；②2号防守队员根据进攻队员的进攻意图和与本方球门的防守距离，做出横向移动和封堵横向传球线路，给予进攻方压迫；③如2号封堵横向传球失败，则4号防守球员上前补防，形成轮转补位，队员补位不及时，则由守门员出击补位，形成人数对等。

变化：可增加1名中间人进攻，变成3V5，防守原则不变，压缩进攻空间，通过封堵回传或横传线路形成局部人数对等。

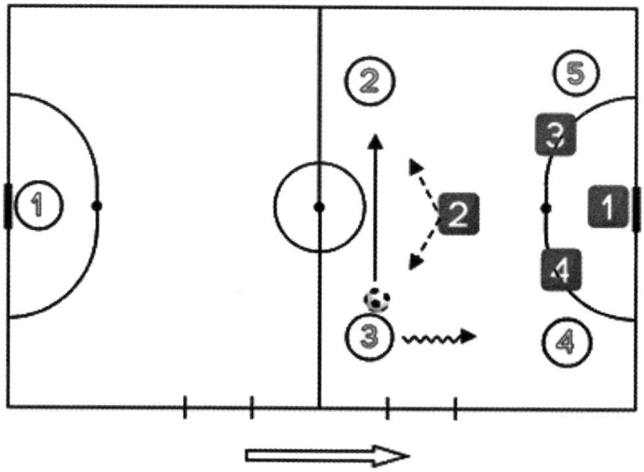

图6-12

（2）2-1倒三角站位

前面2名防守队员兼顾2~3名进攻球员，根据球的运行路线做跷跷板移动，1名防守球员靠近持球人，另1名球员回收关闭斜传线路，后面1名防守球员根据球的位置同边移动。

练习名称：3V4时2-1倒三角形站位

2-1倒三角形站位

阶段：技能学习。

目标：利用前面2人移动封堵，形成局部人数对等。

建议人数：14人+。

建议时间：30分钟。

场区：20米×40米。

器材：球若干、球门2个、分队背心。

组织：由守门员发球，4号为自由人，进攻结束或被断球后，不停止练习，防守方由守转攻，5分钟以后换组练习。（图6-13）

指导要点：①防守队员在延缓进攻方进攻速度的同时，退至本方10米点附近；②前面2人做跷跷板移动，靠近持球人的目的是关闭斜传线路和二门柱的线路；③后面1人做横向移动不及时时，守门员出击补位封堵，形成局部人数对等。

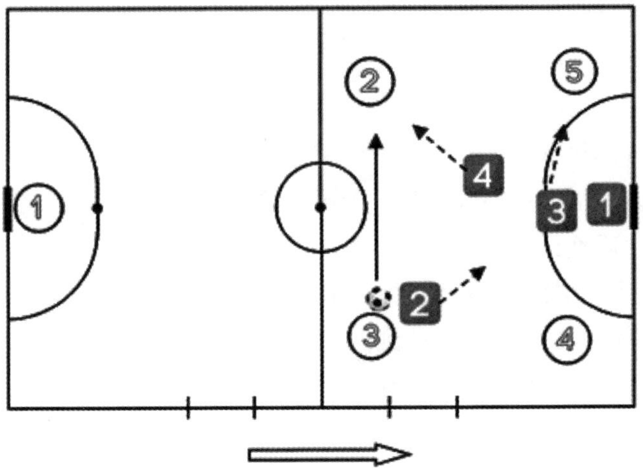

图6-13

变化： 可增加1名中间人进攻，变成3V5，防守原则不变，压缩进攻空间，注意二门柱的线路，守门员出击补位及时，形成局部人数对等。

四、针对5-0进攻的防守

5-0防守是五人制足球比赛中一个比较特殊的防守阵型，对方利用守门员或1名进攻球员替换守门员参与进攻形成以多打少时，防守方一般采用1-2-1菱形站位或2-2正方形站位来防守对方的5-0进攻。

1. 1-2-1菱形站位

防守球员的职责是关闭中路，切断任意一条向内线的传球线路，防守球员做整体轮转移动协防，放弃对离球最远的进攻球员的盯防，耐心做好轮转和协防的同时，一旦进攻球员控球不好、传球质量不高，防守球员便进行局部统一逼抢，守门员做好协防远端球员的准备。

练习名称：1-2-1菱形站位

阶段： 技能学习。

目标： 通过耐心移动和封堵传球线路，达到阻止对方得分和局部逼抢的目的。

1-2-1菱形站位

建议人数： 15人+。

建议时间： 30~40分钟。

场区： 20米×40米。

器材： 球若干、球门2个、分队背心。

组织： 由进攻方发前场边线球开始，进攻方进攻结束或被断球后不停止练习，练习5~8次后换组练习。（图6-14）

指导要点： ①中间进攻球员持球时，两边的防守队员要关闭中场，防止球直接传给底角的进攻球员；②球到两侧进攻球员时，靠近持球人时注意封堵斜线和二门柱的线路；③在做轮转补位时，要注意关闭传球线路；④底角出现空位时，守门员需要及时出击补位和封堵。

变化： ①防守方断球后，可有1次反击或吊门机会；②可以在封闭好对方回传线路时进行局部逼抢。

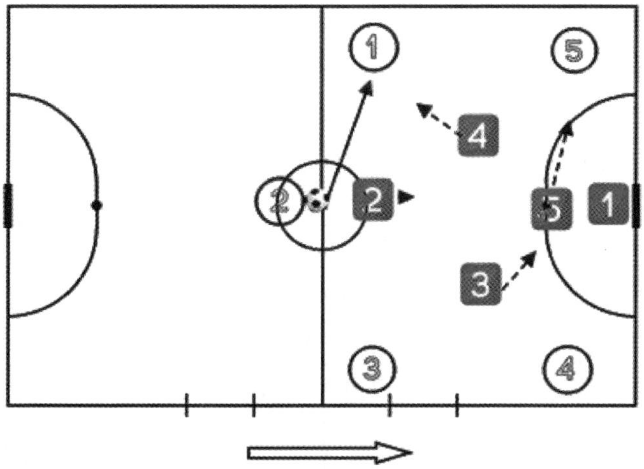

图6-14

2. 2-2正方形站位

防守球员的职责是切断进攻球员向内线传球的线路，1名防守球员靠近持球人，其余3名球员放弃最远点进攻球员，向球的同边移动协防，一旦进攻球员控球不好或传球质量不高，防守球员便进行局部统一逼抢，守门员做好协防远端球员的准备。

练习名称：2-2正方形站位

阶段： 技能学习。

目标： 通过耐心移动和封堵传球线路，达到阻止对方得分和局部逼抢的目的。

建议人数： 15人+。

建议时间： 30~40分钟。

场区： 20米 × 40米。

器材： 球若干、球门2个、分队背心。

组织： 由进攻方发前场边线球开始，进攻方进攻结束或被断球后不停止练习，练习5~8次后换组练习。（图6-15）

2-2正方形站位

指导要点：①持球人靠近时，4名防守球员注意关闭中场，封堵向中路传球的线路；②在做轮转补位时，要注意关闭传球线路；③球传到底角进攻球员，且防守方补位不及时时，守门员应当及时出击补位封堵。

变化：①防守方断球后，可有1次反击或吊门机会；②可以在封闭好对方回传线路时进行局部逼抢。

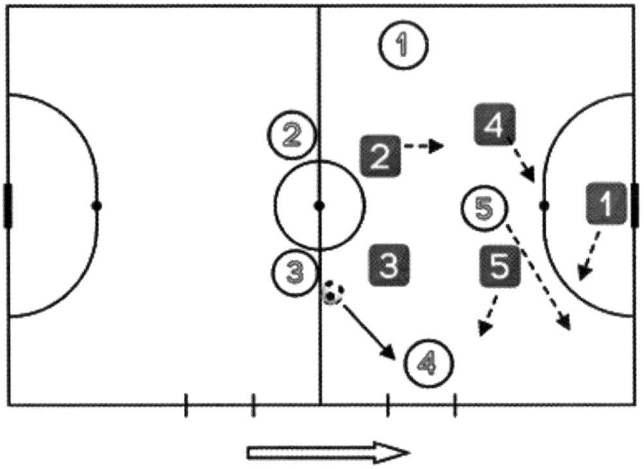

图6–15

第七章
常见比赛阵型

第一节　1–3–1阵型

一、阵型分析

1–3–1阵型有两个主要的分支，即1–1–2–1阵型和1–2–1–1阵型，在此一并介绍。

1. 优点

（1）组织进攻时后场有3名球员，对有球球员进行接应，有利于掌控比赛的节奏。

（2）失去球权后有平衡保护，对手反击机会较少。

（3）进攻思路明确，利用后场有效控球寻找向前传球给中锋的机会，中锋接到球背身护球起到桥头堡的作用，给前插队友传球或自己转身射门。

2. 缺点

（1）需要有合适的中锋球员，保证背身拿球的稳定性。

（2）如果后场进攻球员控球耐心不够，没有获得进攻空间时强打中锋，容易造成更多的传球失误，导致失去球权或对方反击。

（3）中锋球员有效接球后，其他球员不能更快地提供前插支援，导致中锋被夹抢失去球权，从而被对方反击。

3. 基本战术

后场3人通过不断传球移动，寻找向前传球给中锋的时机。中锋根据后场队友的传球移动，寻找防守球员身前的接应位置或防守球员一味地抢身前而留出的身后空间。中锋就像桥头堡，一旦背身拿住球，其他球员便需快速前插提供支援，寻求中锋回传球的射门机会或进行中锋拿球转身射门的门前包抄。

二、练习示例

1. 练习一

练习名称：1-3-1挡拆内切带球传中锋前插

1-3-1挡拆内切带球传中锋前插

学习部分：战术。

阶段：技能学习、熟练。

目标：利用边路挡拆、中锋提出接应，创造得分机会。

建议人数：10人+。

建议时间：20~30分钟。

场区：20米×40米。

器材：球若干、球门2个、分队背心。

组织：每次由进攻方中路持球开始，防守方只允许在本方半场进行断球，如球出界或被防守方抢断则重新开球组织。2分钟或5次进攻机会后进行攻防转换及换人换组练习。（图7–1）

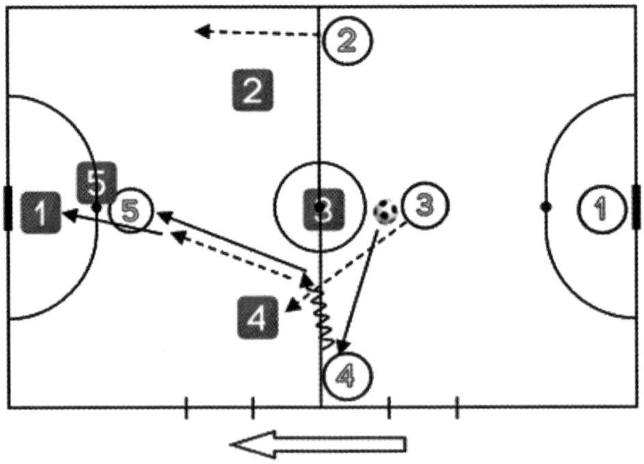

图7–1

指导要点：①2个边路挡拆反复进行，只要有接球机会，中锋要住防守球员位置后提出背身接球；②中锋要住位置出现接球机会时，带球内切的持球球员应第一时间传球给中锋；③带球内切球员将球传给中锋后快速前插，在跑动过程中随时做好接球射门准备；④在带球内切球员将球传给中锋的同时，另一侧边路球员前插提供第二接应点，并做好一脚球射门或传球到二门柱的准备；⑤完成挡拆的球员回中路做好本方丢球后的防守准备；⑥中锋在准备控球的同时注意观察场上情况，此时中锋的选择主要有三种，一是回做给摆脱靠近球员完成射门，二是接球靠住防守球员转身射门，三是传球给边路前插球员，反身到二门柱包抄。

变化：①防守方断球后有一次快速反击的机会；②防守方断球后正常进行进攻，原进攻方则退回到本方半场进行防守；③防守方可从本方半场防守过渡到全场防守；④延长每组练习时间，3~5分钟或7~10次进攻机会。

2. 练习二

练习名称：1-3-1中路变速变向跑轮转

学习部分：战术。

阶段：技能学习、熟练。

目标：利用中路前插变速变向跑接应创造得分机会。

建议人数：10人+。

建议时间：20~30分钟。

场区：20米×40米。

器材：球若干、球门2个、分队背心。

1-3-1中路变速变向跑轮转

组织：每次由进攻方中路持球开始，防守方只允许在本方半场进行断球，如球出界或被防守方抢断则重新开球组织，2分钟或5次进攻机会后攻防转换及换人换组练习。（图7-2）

指导要点：①中路球员前插变速变向跑可反复进行，传球给边路球员后快速直线前插，边路球员接球带球内切；②当边路带球内切球员有传球时机时，前插球员做后撤的变速变向移动；③中锋球员同侧拉开绕回；④前插变速变向球员与带球内切球员的传跑时机很重要，带球内切球员如有向前的传球，则需要快速摆脱靠近提供支援；⑤中路变速变向球员移动时注意看球，体现速度和方向的变化；⑥中路前插球员在准备控球的同时注意观察场上情况，可做出的选择主要有三种：一是回做给摆脱靠近球员完成射门，二是接球向前完成射门，三是机会不佳重新组织。

变化：①防守方断球后有一次快速反击的机会；②防守方断球后正常进行进攻，原进攻方则退回到本方半场进行防守；③防守方可从本方半场防守过渡到全场防守；④延长每组练习时间，3~5分钟或7~10次进攻机会。

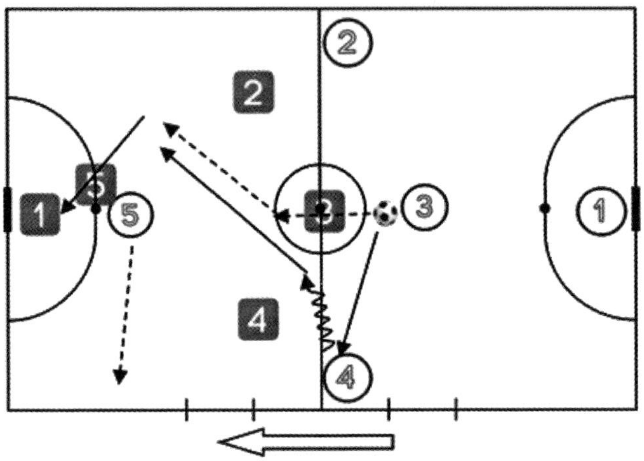

图7-2

第二节 1-2-2阵型

一、阵型分析

1. 优点

（1）拉开防守空间，局部瞬间突破撕开防守。

（2）攻守较为平衡，能更快、更有效地提供接应（特别是对角接应），形成局部三角形连接。

（3）如果有1V1能力较强的球员，通过边路的突破可以瞬间获得进攻人数上的优势。

2. 缺点

（1）一旦位置站死接应不及时，就会在局部被防守方形成紧逼。

（2）1V1成功率不高，给对手造成反击机会。

（3）如不能做好有效的前插绕回，很容易将防守球员身后的空间堵死，不利于进攻移动的轮转。

3. 基本战术

通过不断传球前插，持球球员可寻找前插过程中防守球员跟防失误的身后空当，也可更多地寻求对角接应，形成局部三角形，增加接应点。经过多次移动拉开防守空当后，在边路形成1V1的突破，并完成射门或创造以多打少的进攻机会。

二、练习示例

1. 练习一

练习名称：1–2–2中路变速变向跑轮转

1–2–2中路变速变向跑轮转

学习部分： 战术。

阶段： 技能学习、熟练。

目标： 利用边路带球到中路前插变速变向跑接应创造得分机会。

建议人数： 10人+。

建议时间： 20~30分钟。

场区： 20米×40米。

器材： 球若干、球门2个、分队背心。

组织： 每次由进攻方后场边路持球开始，防守方只允许在本方半场进行断球，如球出界或被防守方抢断则重新开球组织。2分钟或5次进攻机会后攻防转换及换人换组练习。（图7–3）

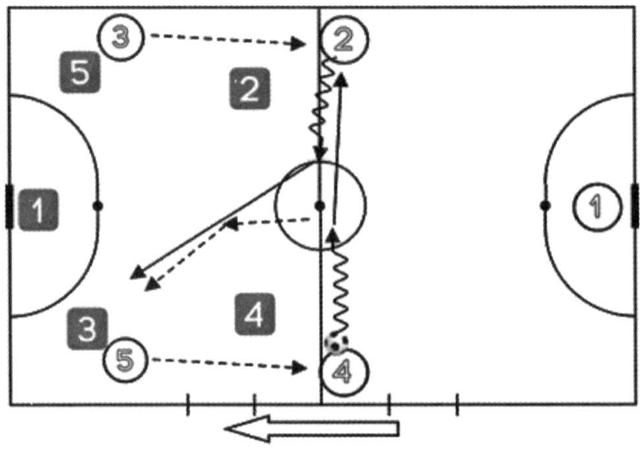

图7-3

指导要点：①边路球员向中路带球，传球给另一侧队友，然后前插变速变向跑，可反复进行；②当边路带球内切球员有传球时机时，前插球员做后撤的变速变向移动；③带球内切同侧进攻球员绕回；④前插变速变向球员与带球内切球员的传跑时机很重要，有向前的传球快速摆脱靠近提供支援；⑤中路变速变向球员移动时注意看球，并体现速度和方向的变化；⑥带球内切球员注意观察场上情况，可做出的选择主要有四种：一是斜传向前摆脱靠近，二是变向直传同边球员斜向跑，三是变向直传同边球员背掩护，四是交球给另一边重新组织。

变化：①防守方断球后有一次快速反击的机会；②防守方断球后正常进行进攻，原进攻方则退回到本方半场进行防守；③防守方可从本方半场防守过渡到全场防守；④延长每组练习时间，3~5分钟或7~10次进攻机会。

2. 练习二

练习名称：1-2-2同边内线挡拆

学习部分：战术。

阶段：技能学习、熟练。

目标：利用同边提出内线挡拆创造得分机会。

1-2-2同边内线挡拆

建议人数：10人+。

建议时间：20~30分钟。

场区：20米×40米。

器材：球若干、球门2个、分队背心。

组织：每次由进攻方后场边路持球开始，防守方只允许在本方半场进行断球，如球出界或被防守方抢断则重新开球组织。2分钟或5次进攻机会后攻防转换及换人换组练习。（图7-4）

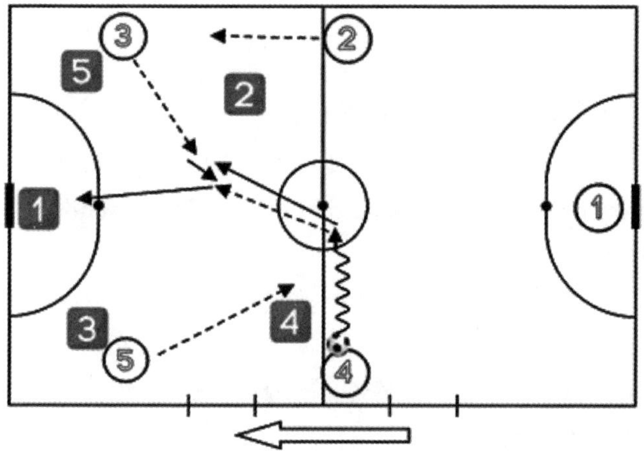

图7-4

指导要点：①边路持球，同边球员提出内线挡拆后反跑内切；②持球球员带球内切；③对角球员回中路提供接应；④当有机会时，另一边路球员前插防守球员身后；⑤带球内切球员注意观察场上情况，可做出的选择主要有五种：一是传球对角接应球员摆脱靠近完成射门，二是如完成挡拆反跑内切时机较好则传球防守反向，三是另一边路球员突然前插身后空当，四是自己带球内切完成射门，五是交球给另一边重新组织。

变化：①防守方断球后有一次快速反击的机会；②防守方断球后正常进行进攻，原进攻方则退回到本方半场进行防守；③防守方可从本方半场防守过渡到全场防守；④延长每组练习时间，3~5分钟或7~10次进攻机会。

3. 练习三

练习名称：1-2-2同边外线挡拆

学习部分：战术。

阶段：技能学习、熟练。

目标：利用同边提出外线挡拆创造得分机会。

建议人数：10人+。

建议时间：20~30分钟。

场区：20米×40米。

器材：球若干、球门2个、分队背心。

1-2-2同边外线挡拆

组织：每次由进攻方后场边路持球开始，防守方只允许在本方半场进行断球，如球出界或被防守方抢断则重新开球组织。2分钟或5次进攻机会后攻防转换及换人换组练习。（图7-5）

指导要点：①边路持球，同边球员提出外线挡拆后反跑内切；②持球球员外线带球；③当有机会时，对角球员包抄二门柱；④另一边路球员回中路使防守平衡；⑤外线带球球员注意观察场上情况，可做出的选择主要有四种：一是传球挡拆转身球员完成射门，二是如补防球员关闭传球线路则继续边路带球进行二门柱的射门，三是如防守球员强行关闭外线挡拆则突然内线带球寻求内线挡拆后的移动，四是交球给另一侧重新组织。

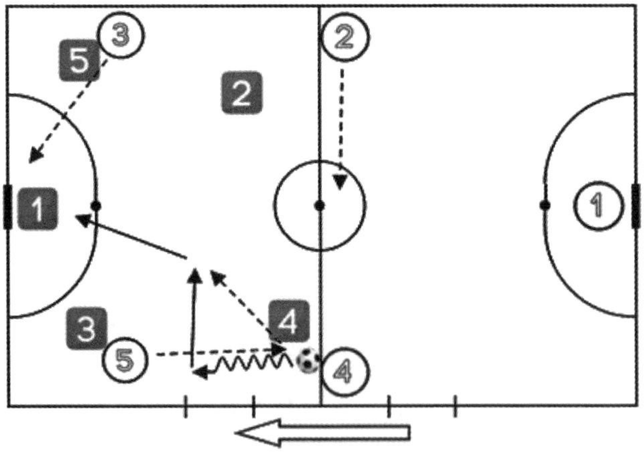

图7-5

变化：①防守方断球后有一次快速反击的机会；②防守方断球后正常进行进攻，原进攻方则退回到本方半场进行防守；③防守方可从本方半场防守过渡到全场防守；④延长每组练习时间，3~5分钟或7~10次进攻机会。

第三节 1–4–0阵型

一、阵型分析

1. 优点

（1）如果对手使用人盯人防守，本阵型可以创造出更多身后空当。

（2）持球球员总是能得到2个或者更多的接应点，本阵型有利于提高对球权的控制。

（3）较多地形成边路1V1且防守球员协防保护不够的局面。

（4）本阵型有利于发展球员技战术意识。

2. 缺点

（1）如果对手进行区域防守，进攻方必须快速阅读比赛，移动至防守球员无法控制的区域。如果不能很好地阅读比赛并有效移动，容易造成阵型不平衡，持球球员失去接应。

（2）本阵型需要所有球员具有很强的技术能力和相互之间的协作能力。

（3）因为阵型站位较平，一旦不能提供有效接应，持球人很容易被防守方形成紧逼抢断，造成对方反击。

3. 基本战术

把防守球员吸引出来，使其身后缺乏协防保护。通过不断前插变速变向跑、摆脱跑2过1及边直线、挡拆等寻找防守球员身后空当。特别注意接球后不在原地控球、向前的观察、无球球员向前移动时看球的移动，以及有球球员的身体姿态要确保能看见所有队友，一侧进攻移动受阻转向另一侧发展。另外，还要注意移动速度和方向的变化，耐心地控球移动，寻找防守球员在跟防过程中的失误，及时将球打到防守球员身后空当。如遇区域防守，建议减慢移动速度，观察防守位置，缩短移动线路，多在中间接应过渡，将球快速转移到防守弱侧。

二、练习示例

1. 练习一

练习名称：1–4–0常规初始移动（边路交叉移动）

学习部分： 战术。

阶段： 技能学习、熟练。

目标： 利用中间2人挡拆和变速变向跑创造得分机会。

建议人数： 10人+。

建议时间： 20~30分钟。

场区： 20米×40米。

器材： 球若干、球门2个、分队背心。

1–4–0边路
交叉移动

组织： 每次由进攻方中路持球开始，防守方只允许在本方半场进行断球，如球出界或被防守方抢断则重新开球组织。2分钟或5次进攻机会后攻防转换及换人换组练习。（图7–6）

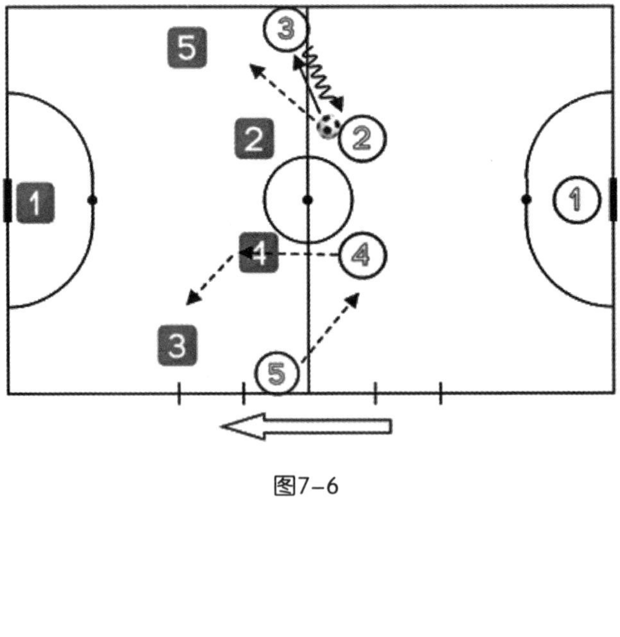

图7–6

指导要点：①传球至边路，靠近球员做挡拆或摆脱2过1边直线移动；②较远球员做前插变速变向移动；③远端球员向中间移动；④内线带球球员注意观察场上情况，可做出的选择主要有三种：一是在边路完成2过1边直线移动或挡拆内切射门，二是较远变速变向传球靠近射门，三是传球给远端回中路球员重新组织。

变化：①防守方断球后有一次快速反击的机会；②防守方断球后正常进行进攻，原进攻方则退回到本方半场进行防守；③防守方可从本方半场防守过渡到全场防守；④延长每组练习时间，3~5分钟或7~10次进攻机会；⑤要求1名进攻球员穿不同颜色训练背心始终做无球移动；⑥要求2名进攻球员穿相同颜色训练背心，同色球员之间不能相互传球。

2. 练习二

练习名称：1–4–0常规初始移动（中路交叉移动）

1–4–0中路
交叉移动

学习部分：战术。
阶段：技能学习、熟练。
目标：利用中间2人交叉移动创造得分机会。
建议人数：10人+。
建议时间：20~30分钟。
场区：20米×40米。
器材：球若干、球门2个、分队背心。

组织：每次由进攻方中路持球开始，防守方只允许在本方半场进行断球，如球出界或被防守方抢断则重新开球组织。2分钟或5次进攻机会后攻防转换及换人换组练习。（图7–7）

指导要点：①传球至边路，远端拉开挡拆内切；②较远球员与挡拆球员形成交叉靠近，持球球员进行摆脱2过1边直线移动；③远端球员向中间移动；④持球球员注意观察场上情况，可做出的选择主要有三种，一是在边路完成2过1边直线移动，二是向内带球挡拆转身斜传球，三是传球给远端回中路球员重新组织。

变化：①防守方断球后有一次快速反击的机会；②防守方断球后正常进行进攻，原进攻方则退回到本方半场进行防守；③防守方可从本方半场防守过渡到全场防守；④延长每组练习时间，3~5分钟或7~10次进攻机会；⑤要求1名进攻球员穿不同颜色训练背心始终做无球移动；⑥要求2名进攻球员穿相同颜色训练背心，同色球员之间不能相互传球。

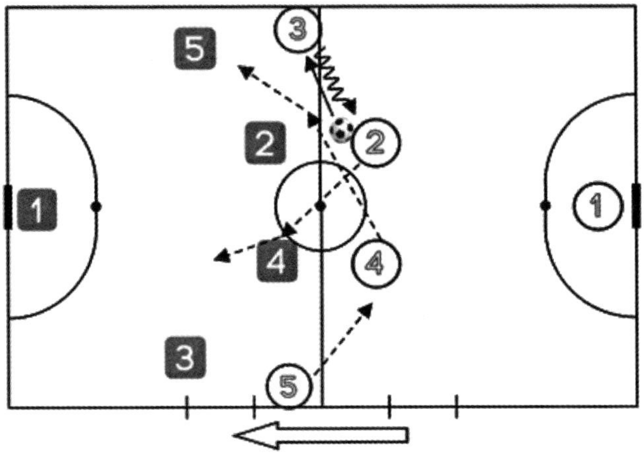

图7–7

第四节　0–5–0阵型

一、阵型分析

1. 优点

（1）对球保持更多的控制。
（2）可以制造出更多的得分机会。
（3）对于防守方体能和精力的消耗是巨大的。

2. 缺点

（1）需要所有球员具有极强的传控能力、战术素养及临场应变能力。
（2）因为守门员参与前场进攻，一旦有失误就面临空门的风险。

3. 基本战术

这种特殊的战术打法一般出现在比赛所剩时间不多，且本方比分落后急于扳回，或者比分领先通过用球员换下守门员（如守门员具备很强的技术能力可直接使用），利用多1人的控球来消磨时间的情况下，又称“超人战术”。

0–5–0阵型讲究用快速平稳的传接球来调动防守球员位置，隔人传球具有更好的调动作用，传球的隐蔽性和欺骗性尤为重要。对角的接应、突然快速地下到底线、远门柱的包抄是战术的主要线路。如防守逼抢较紧，进攻机会不佳时要安全地处理球，防止抢断后空门的反击，一旦抢断后对方有射门机会时，离本方球门最近的球员迅速回门保护，防止封挡抢断后对方有直接吊空门的机会。如失去球权，成死球，需快速退回本方半场换上守门员，活球则原地人盯人紧逼防守，离本方球门最近的球员迅速回门保护。

4. 阵型站位

0–5–0阵型是通过守门员直接参与前场进攻增加一个接应点来达到对球的控制或打击对手的目的，阵型站位主要分为两大类，一是后场3名进攻球员，二是后场2名进攻球员。

● 后场3名进攻球员

后场3名进攻球员站位包括1–2–2基础站位、1–2–2锥形站位、1–2–1–1防守内部站位。（图 7–8）

通过不间断快速传球调动防守球员位置，从而寻找对角的斜线传球。球到底线进攻球员，对角也需提供接应，远端进攻球员注意远门柱包抄。同侧进攻球员可进行前插防守内部的移动，同时底线进攻球员绕回到边路进行位置交换。这类进攻站位主要应对1–1–2–1的防守体系。

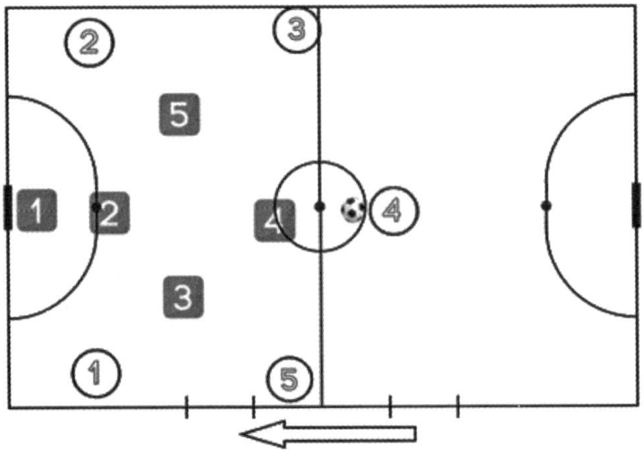

1-2-2基础站位

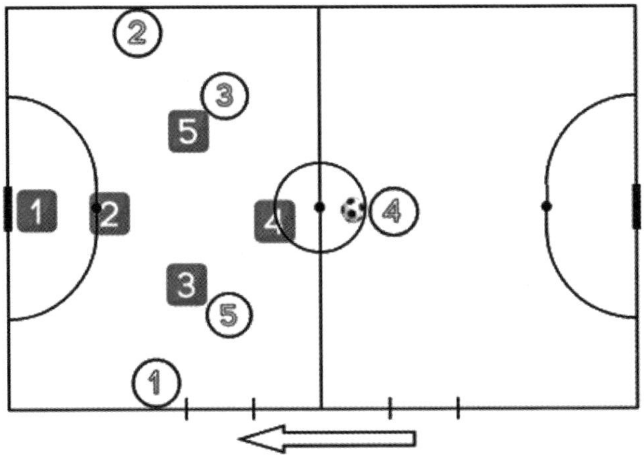

1-2-2锥形站位

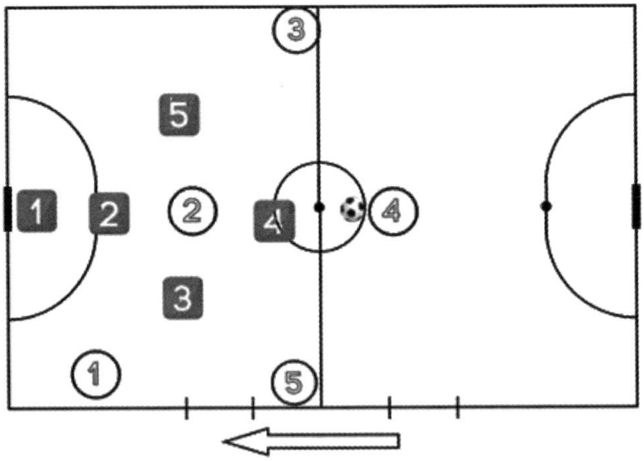

1-2-1-1防守内部站位

图7-8

● 后场2名进攻球员

后场2名进攻球员一般是2–3站位。（图7–9）

后场2名进攻球员保持10米左右传球距离，前场3名进攻球员拉开场地宽度左中右依次站位。此站位变化较丰富，主要在于中间进攻球员的移动，在不间断快速传球调动防守的同时，中间进攻球员寻求时机进行下底线的移动、高位挡拆的移动、平位挡拆等来形成局部快速射门的机会，同样对角的接应、远门柱的包抄是进球的主要线路。

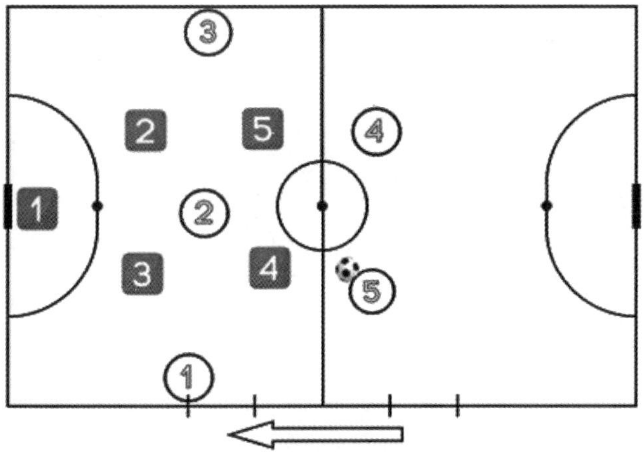

2–3站位

图7–9

二、练习示例

1. 练习一

练习名称：1–2–2常规移动

学习部分： 战术。

阶段： 技能学习、熟练。

目标： 利用传控球到底角，另一侧包抄，创造得分机会。

建议人数： 10人+。

1–2–2常规移动

建议时间：20~30分钟。

场区：20米×40米。

器材：球若干、球门2个、分队背心。

组织：每次由进攻方边线开球，防守方只允许在本方半场进行断球，如球出界或被防守方抢断则重新开球组织。2分钟或5次进攻机会后攻防转换及换人换组练习。（图7-10）

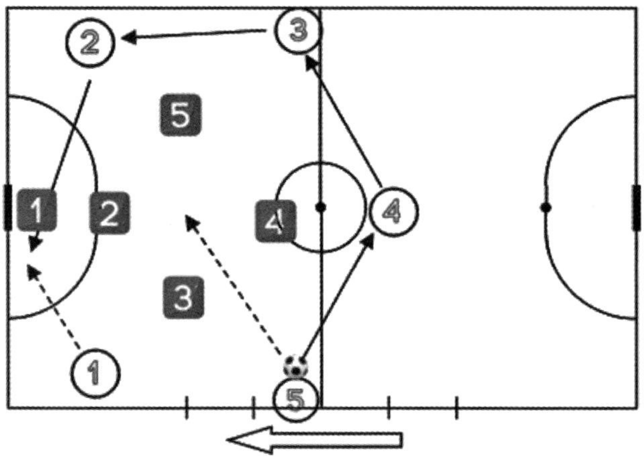

图7-10

指导要点：①耐心传控调动防守；②如同侧底角出现空当，则快速传球；③远端底角球员包抄二门柱；④远端对角球员包抄倒三角；⑤底角持球球员注意观察场上情况，可做出的选择主要有三种：一是大力将球射向二门柱，二是向回倒三角传球，三是回传重新组织。

变化：①防守方断球后有一次快速反击的机会；②防守方断球后正常进行进攻，原进攻方活球则就地紧逼，死球则退回本方半场换守门员；③延长每组练习时间，3~5分钟或7~10次进攻机会；④设置进攻方触球次数，提升传接球速度；⑤设置不同比赛场景，如比分落后较大、比分领先等，提升对比赛的认知；⑥设置不同的防守策略，如收缩、紧逼等，提升观察反应能力。

2. 练习二

练习名称：1–2–2挡拆移动

学习部分： 战术。

阶段： 技能学习、熟练。

目标： 利用挡拆创造得分机会。

建议人数： 10人+。

建议时间： 20~30分钟。

场区： 20米×40米。

器材： 球若干、球门2个、分队背心。

组织： 每次由进攻方边线开球，防守方只允许在本方半场进行断球，如球出界或被防守方抢断则重新开球组织。2分钟或5次进攻机会后攻防转换及换人换组练习。（图7–11）

1–2–2挡拆移动

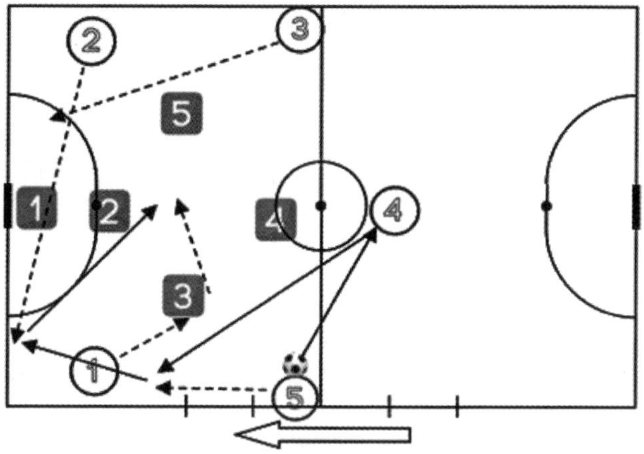

图7–11

指导要点： ①耐心传控调动防守；②同侧底角球员提出挡拆后移动到中间；③前面球员向前移动至被挡防守球员身后接球；④远端底角球员大范围移动到另一侧底角；⑤远端前面球员包抄二门柱；⑥底角持球球员注意观察场上

情况，可做出的选择主要有三种：一是大力将球射向二门柱，二是向回倒三角传球，三是回传重新组织。

变化：①防守方断球后有一次快速反击的机会；②防守方断球后正常进行进攻，原进攻方活球则就地紧逼，死球则退回本方半场换守门员；③延长每组练习时间，3~5分钟或7~10次进攻机会；④设置进攻方触球次数，提升传接球速度；⑤设置不同比赛场景，如比分落后较大、比分领先等，提升对比赛的认知；⑥设置不同的防守策略，如收缩、紧逼等，提升观察反应的能力。

3. 练习三

练习名称：1–2–2锥形移动

学习部分：战术。

阶段：技能学习、熟练。

目标：利用前面2人的压缩创造得分机会。

建议人数：10人+。

建议时间：20~30分钟。

场区：20米×40米。

器材：球若干、球门2个、分队背心。

1–2–2锥形移动

组织：每次由进攻方边线开球，防守方只允许在本方半场进行断球，如球出界或被防守方抢断则重新开球组织。2分钟或5次进攻机会后攻防转换及换人换组练习。（图7–12）

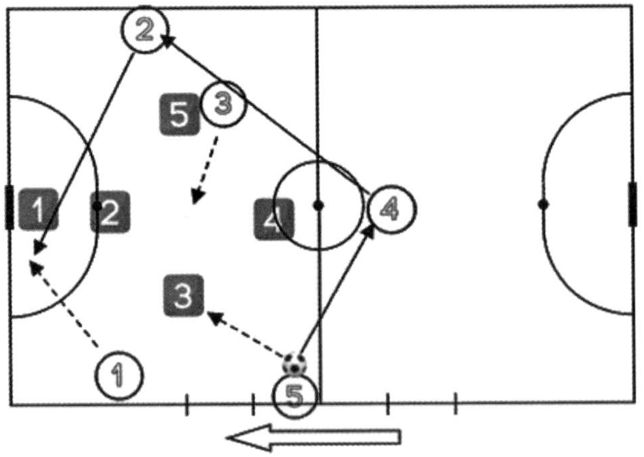

图7–12

指导要点：①耐心传控调动防守；②前面2人靠近防守球员压缩防守区域；③传球到底角边路，转身内切到中间；④远端边路球员包抄二门柱；⑤前面2人压缩防守空间可接球斜线转移到另一侧底角；⑥边路持球球员注意观察场上情况，可做出的选择主要有三种：一是大力将球射向二门柱，二是向回倒三角传球到中间，三是回传重新组织。

变化：①防守方断球后有一次快速反击的机会；②防守方断球后正常进行进攻，原进攻方活球则就地紧逼，死球则退回本方半场换守门员；③延长每组练习时间，3~5分钟或7~10次进攻机会；④设置进攻方触球次数，提升传接球速度；⑤设置不同比赛场景，如比分落后较大、比分领先等，提升对比赛的认知；⑥设置不同的防守策略，如收缩、紧逼等，提升观察反应。

4. 练习四

练习名称：1-2-1-1移动

学习部分：战术。

阶段：技能学习、熟练。

目标：利用局部3人位置轮转创造得分机会。

建议人数：10人+。

建议时间：20~30分钟。

场区：20米×40米。

器材：球若干、球门2个、分队背心。

1-2-1-1移动

组织：每次由进攻方边线开球，防守方只允许在本方半场进行断球，如球出界或被防守方抢断则重新开球组织。2分钟或5次进攻机会后攻防转换及换人换组练习。（图7-13）

指导要点：①耐心传控调动防守；②传球至进攻强侧边路；③中间球员移动到同侧底线；④前面几人压缩防守球员移动至中间；⑤远端球员包抄二门柱；⑥边路持球球员注意观察场上情况，可做出的选择主要有三种：一是大力将球射向二门柱，二是根据防守情况传球至同边底线（底线球员做进攻选择），三是回传重新组织。

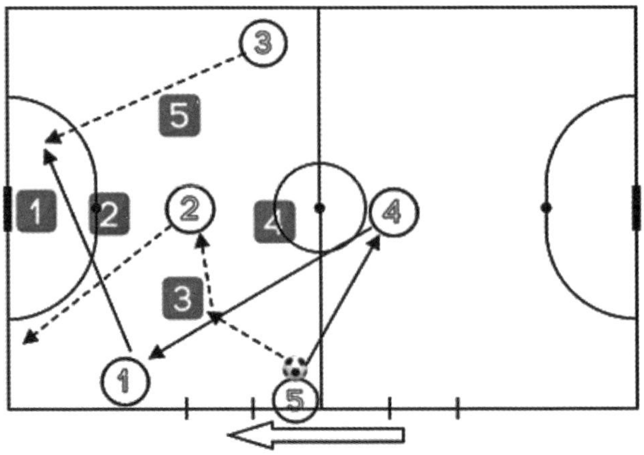

图7-13

变化：①防守方断球后有一次快速反击的机会；②防守方断球后正常进行进攻，原进攻方活球则就地紧逼，死球则退回本方半场换守门员；③延长每组练习时间，3~5分钟或7~10次进攻机会；④设置进攻方触球次数，提升传接球速度；⑤设置不同比赛场景，如比分落后较大、比分领先等，提升对比赛的认知；⑥设置不同的防守策略，如收缩、紧逼等，提升观察反应的能力。

5. 练习五

练习名称：0–2–3移动

学习部分：战术。

阶段：技能学习、熟练。

目标：利用局部形成2V1局面创造得分机会。

建议人数：10人+。

建议时间：20~30分钟。

场区：20米×40米。

器材：球若干、球门2个、分队背心。

0–2–3移动

组织：每次由进攻方边线开球，防守方只允许在本方半场进行断球，如球出界或被防守方抢断则重新开球组织。2分钟或5次进攻机会后攻防转换及换人换组练习。（图7–14）

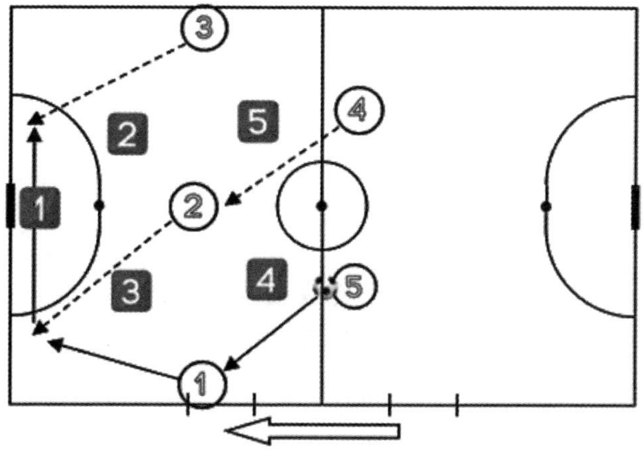

图7-14

指导要点：①耐心传控调动防守；②传球至进攻强侧边路；③中间球员移动到同侧底线接球；④对角外围球员进中间；⑤远端球员包抄二门柱；⑥底线持球球员注意观察场上情况，可做出的选择主要有三种：一是大力将球射向二门柱，二是传球到中间倒三角射门，三是回传重新组织。

变化：①防守方断球后有一次快速反击的机会；②防守方断球后正常进行进攻，原进攻方活球则就地紧逼，死球则退回本方半场换守门员；③延长每组练习时间，3~5分钟或7~10次进攻机会；④设置进攻方触球次数，提升传接球速度；⑤设置不同比赛场景，如比分落后较大、比分领先等，提升对比赛的认知；⑥设置不同的防守策略，如收缩、紧逼等，提升观察反应的能力。

6. 练习六

练习名称：0–2–3挡拆移动

学习部分：战术。
阶段：技能学习、熟练。
目标：利用中间提出挡拆创造得分机会。
建议人数：10人+。
建议时间：20~30分钟。
场区：20米×40米。

0–2–3挡拆移动

器材：球若干、球门2个、分队背心。

组织：每次由进攻方边线开球，防守方只允许在本方半场进行断球，如球出界或被防守方抢断则重新开球组织。2分钟或5次进攻机会后攻防转换及换人换组。（图7–15）

指导要点：①耐心传控调动防守；②中间球员提出挡拆移动；③持球球员带球，挡拆同侧外围球员拉开，挡拆同侧边线球员下底线；④完成挡拆传球后，另一侧边线球员二门柱包抄；⑤完成挡拆边路接球后注意观察场上情况，可做出的选择主要有四种：一是大力将球射向二门柱，二是直接射门，三是传球至同边底线球员，四是回传重新组织。

变化：①防守方断球后有一次快速反击的机会；②防守方断球后正常进行进攻，原进攻方活球则就地紧逼，死球则退回本方半场换守门员；③延长每组练习时间，3~5分钟或7~10次进攻机会；④设置进攻方触球次数，提升传接球速度；⑤设置不同比赛场景，如比分落后较大、比分领先等，提升对比赛的认知；⑥设置不同的防守策略，如收缩、紧逼等，提升观察反应的能力。

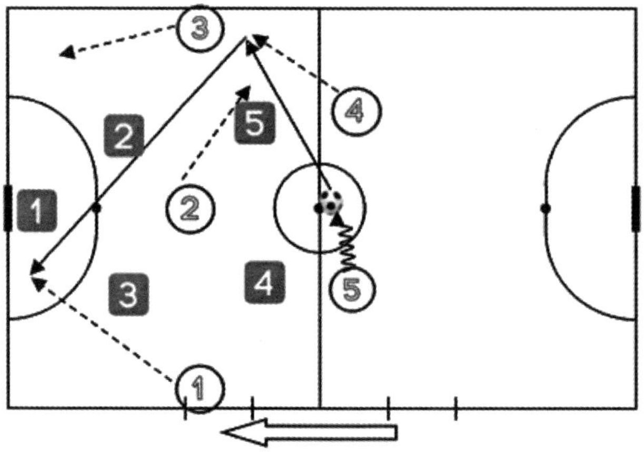

图7–15

第八章
定位球战术

定位球战术是指比赛成死球时所采用的战术方法，包括球门球、中圈开球、界外球、角球、任意球、点球等。五人制足球场地小，罚球距离球门近，往往能快速造成射门威胁，已成为决定比赛胜负的重要部分。尤其是在势均力敌的比赛中，常常一个定位球就决定了关键性比赛的胜负。因此，必须重视定位球的练习。

第一节　任意球

任意球战术的关键是球队的移动球员与发球球员之间的协同。发球时，主罚球员应该选择最好的时机，使用最恰当的力量，精准地传球或射门，建议10米线左右中路的直接任意球通过简单的移动完成射门，靠边路的任意球或间接任意球移动也不宜复杂，利用交叉、挡拆等移动，一次传球后完成射门。

练习名称：任意球轮转移动

学习部分：战术。

阶段：技能学习、熟练。

目标：利用轮转影响防守判断，创造得分机会。

建议人数：10人+。

建议时间：20~30分钟。

场区：20米×40米。

器材：球若干、球门2个、分队背心。

组织：每次由进攻方任意球开球，如球出界或被防守方抢断则重新开球组织。2分钟或5次进攻机会后攻防转换及换人换组练习。（图8-1）

任意球轮转移动

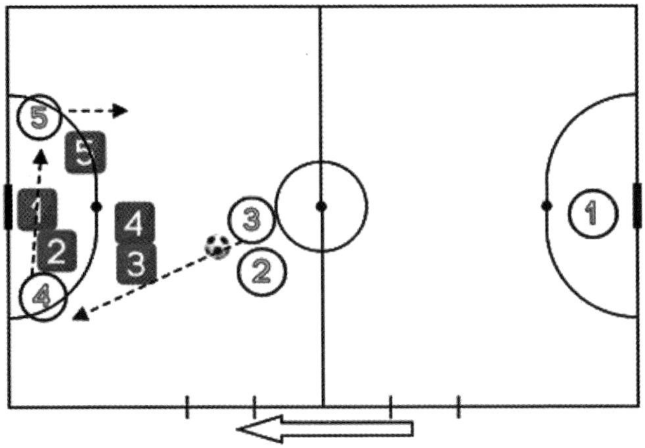

图8-1

指导要点：①2号、3号球员站球前主罚任意球，4号球员站近门柱，5号球员站二门柱；②3号球员假射向人墙中间禁区线移动，4号球员向远门柱移动，5号球员从远门柱绕回形成一个轮转换位；③2号发球球员注意观察防守情况，可做出的选择主要有四种：一是直接射门，二是传球至人墙中间禁区线附近3号球员射门，三是传球至二门柱4号球员射门，四是传球至绕回5号球员快速靠近射门。

变化：①防守方断球后有一次快速反击的机会；②防守方断球后正常进行攻防，成死球后有球权的一方组织任意球；③延长每组练习时间，3~5分钟或7~10次进攻机会；④正常攻防对抗，出现前场边线球、角球、任意球都可选择指定区域任意球，射进门框得1分，进球得2分。

第二节 角球

角球的主要目的是射门得分或至少给对手造成一些威胁。有时这个目的仅是确保控球权。目的取决于比分、比赛所剩的时间及是否出现得分机会等因素，移动的时机、突然性、隐蔽性尤为重要，需要发球球员阅读比赛。

一、练习一

练习名称：角球横线移动

角球横线移动一

学习部分： 战术。

阶段： 技能学习、熟练。

目标： 利用交叉打乱防守站位，创造得分机会。

建议人数： 10人+。

建议时间： 20~30分钟。

场区： 20米×40米。

器材： 球若干、球门2个、分队背心。

组织： 每次由进攻方角球开球，如球出界或被防守方抢断则重新开球组织。2分钟或5次进攻机会后攻防转换及换人换组练习。（图8-2）

指导要点： ①2号球员主罚角球，3号、4号、5号球员10米线横向摆开；②3号球员斜向跑远门柱，4号球员绕开到近侧外围，5号球员寻求中路两名防守球员之间的传球线路；③2号发球球员注意观察防守情况，可做出的选择主要有三种：一是大力射向二门柱3号球员包抄，二是传球4号球员绕出外围射门，三是传球5号球员中路空当。

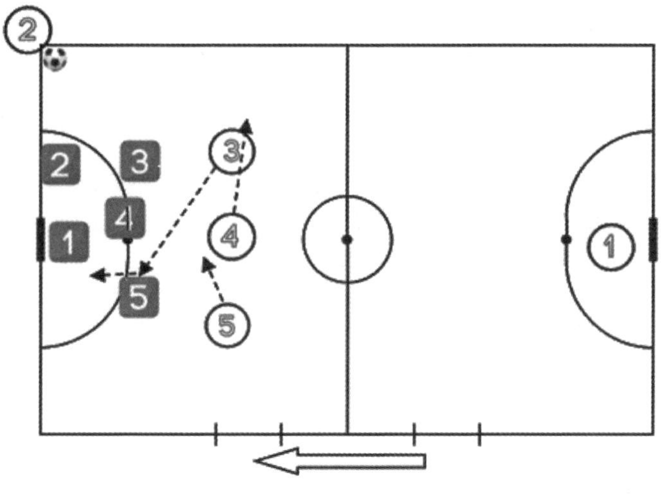

图8-2

变化：①防守方断球后有一次快速反击的机会；②防守方断球后正常进行攻防，成为死球后有球权的一方组织角球；③延长每组练习时间，3~5分钟或7~10次进攻机会；④正常攻防对抗，出现前场边线球、角球、任意球都可选择指定区域角球，射进门框得1分，进球得2分。

二、练习二

练习名称：角球横线移动

学习部分：战术。

阶段：技能学习、熟练。

目标：利用挡拆创造得分机会。

建议人数：10人+。

建议时间：20~30分钟。

场区：20米×40米。

器材：球若干、球门2个、分队背心。

组织：每次由进攻方角球开球，如球出界或被防守方抢断则重新开球组织。2分钟或5次进攻机会后攻防转换及换人换组练习。（图8-3）

角球横线移动二

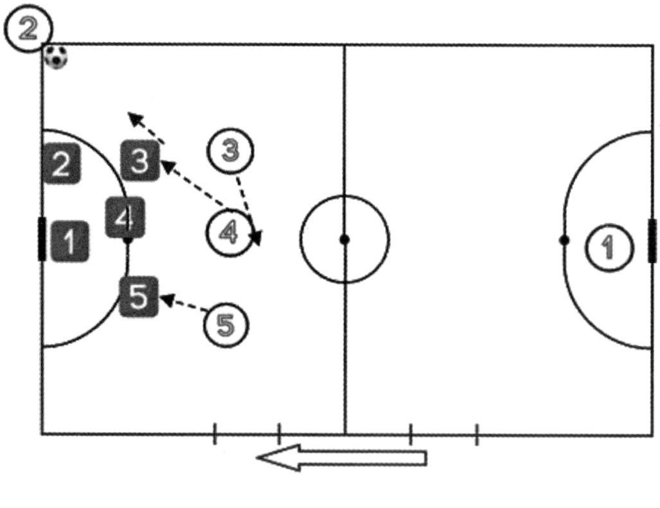

图8-3

指导要点：①2号球员主罚角球，3号、4号、5号球员10米线横向摆开；②3号球员移动到10米点附近，4号球员对3号防守球员进行挡拆，5号球员对5号防守球员进行挡拆；③2号发球球员注意观察防守情况，可做出的选择主要有三种：一是挑传到10米点附近，3号球员凌空射门；二是4号球员挡拆前绕，接传球后直接射门，或者快速靠近，回做2号球员射门；三是5号球员挡拆内切，大力射向二门柱包抄。

变化：①防守方断球后有一次快速反击的机会；②防守方断球后正常进行攻防，成死球后有球权的一方组织角球；③延长每组练习时间，3~5分钟或7~10次进攻机会；④正常攻防对抗，出现前场边线球、角球、任意球都可选择指定区域角球，射进门框得1分，进球得2分。

第三节　界外球

界外球战术主要有两个目的：发动一次能够射门得分的尝试及确保对球的控制权。这些目的的实现，均受到发球点和对方球门之间的距离，对方球员的位置与防守战术要求，进攻球员的位置与移动的时机、突然性、隐蔽性及发球球员观察阅读比赛能力的影响。

一、练习一

练习名称：边线球三角移动

学习部分：战术。

阶段：技能学习、熟练。

目标：利用换位挡拆创造得分机会。

建议人数：10人+。

建议时间：20~30分钟。

场区：20米×40米。

器材：球若干、球门2个、分队背心。

组织：每次由进攻方边线球开球，如球出界或被防守方抢断则重新开球组织。2分钟或5次进攻机会后攻防转换及换人换组练习。（图8-4）

边线球三角移动一

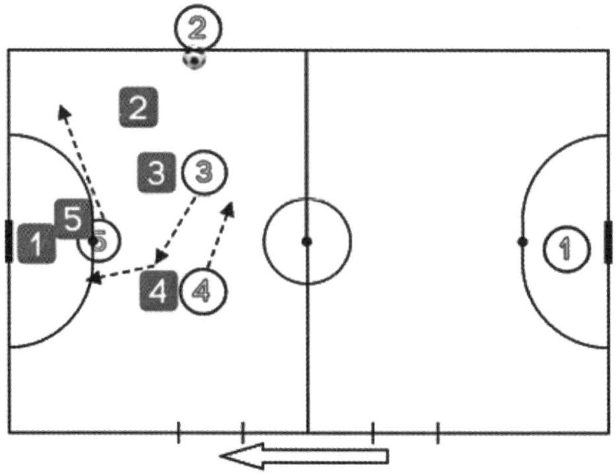

图8-4

指导要点：①2号球员发界外球，3号、4号、5号球员三角站位；②5号中锋球员拉开到底线，3号球员对4号防守球员进行挡拆内切，4号球员绕出；③2号发球球员注意观察防守情况，可做出的选择主要有三种：一是挡拆效果好，传球外围绕出4号球员射门；二是挡拆效果不好，传球3号球员挡拆内切二门柱包抄；三是5号球员拉开底线，5号防守球员不跟防，传球底线，3号球员包抄二门柱，4号球员包抄倒三角。

变化：①防守方断球后有一次快速反击的机会；②防守方断球后正常进行攻防，成死球后有球权的一方组织界外球；③延长每组练习时间，3~5分钟或7~10次进攻机会；④正常攻防对抗，出现前场边线球、角球、任意球都可选择指定区域界外球，射进门框得1分，进球得2分。

二、练习二

练习名称：边线球三角移动

学习部分：战术。

阶段：技能学习、熟练。

目标：利用换位挡拆创造得分机会。

边线球三角移动二

建议人数：10人+。

建议时间：20~30分钟。

场区：20米×40米。

器材：球若干、球门2个、分队背心。

组织：每次由进攻方边线球开球，如球出界或被防守方抢断则重新开球组织。2分钟或5次进攻机会后攻防转换及换人换组。（图8–5）

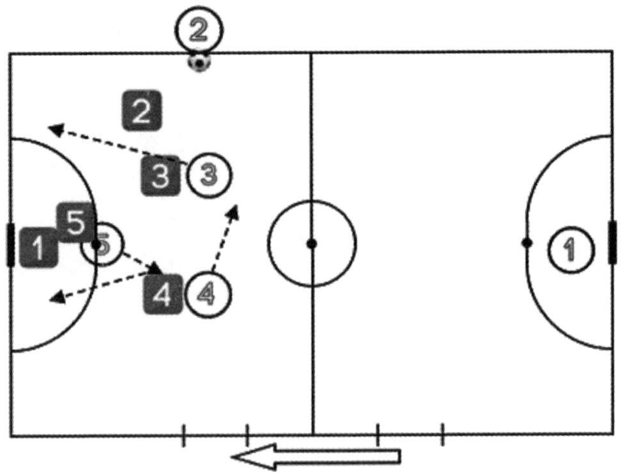

图8–5

指导要点：①2号球员发界外球，3号、4号、5号球员三角站位；②3号球员斜向移动到底线，5号中锋球员提出对4号防守球员进行挡拆转身，4号球员绕出；③2号发球球员注意观察防守情况，可做出的选择主要有三种：一是挡拆效果好，传球外围绕出4号球员射门；二是挡拆效果不好，传球5号中锋球员挡拆转身二门柱包抄；三是3号球员斜向移动到底线3号防守球员不跟防，传球底线，5号球员包抄二门柱，4号球员包抄倒三角。

变化：①防守方断球后有一次快速反击的机会；②防守方断球后正常进行攻防，成死球后有球权的一方组织边线球；③延长每组练习时间，3~5分钟或7~10次进攻机会；④正常攻防对抗，出现前场边线球、角球、任意球都可选择指定区域边线球，射进门框得1分，进球得2分。

第四节　球门球

球门球战术主要有两个目的：一是组织破紧逼推进，一般防守方失去球权常常就地紧逼防守，此时守门员发球门球要注意组织破紧逼防守（守门员组织破紧逼防守参考1-3-1或1-4-0练习）；二是进行快速反击，利用对手进攻无果没有来得及回到防守位置，守门员快速拿球反击。

练习名称：守门员快发反击

守门员快发反击

学习部分： 战术。

阶段： 技能学习、熟练。

目标： 利用守门员快发创造得分机会。

建议人数： 10人+。

建议时间： 20~30分钟。

场区： 20米×40米。

器材： 球若干、球门2个、分队背心。

组织： 每次进攻方完成射门或失误后，射门球员触摸球门柱回追，守门员快速拿球反击。如球出界或被防守方抢断则重新组织进攻。2分钟或5次进攻机会后攻防转换及换人换组练习。（图8-6）

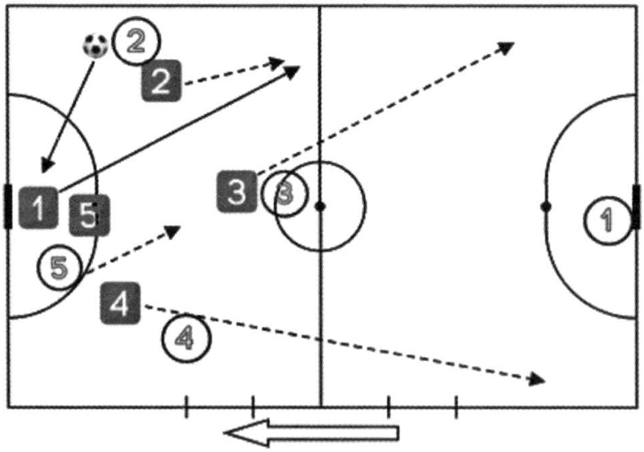

图8-6

指导要点：①防守方持球任意区域完成射门后触摸球门柱回追；②守门员拿球快发反击；③守门员注意观察防守情况，可做出的选择主要有三种：一是发球到因完成射门无法回位防守空当处，二是发球到前插中锋身后处，三是发球到另一边路前插球员身后处。

变化：①防守方断球后有一次快速反击的机会；②防守方断球后正常进行攻防，成死球后有球权的一方组织守门员快发进攻；③延长每组练习时间，3~5分钟或7~10次进攻机会；④正常攻防对抗，在守门员无触及的情况下，射门球员需触摸球门柱回追，守门员快发。

第五节　中线球

中线球战术主要有两个目的：一是组织推进，利用开球进行控制球、倒脚，寻找进攻机会；二是进行突袭，利用比赛刚开始或对手刚进球得分思想不集中、站位不好出现明显空当的机会，采用直接射门或长传突袭。突袭战术即使不能成功，也会给对方造成心理上的压力。

一、练习一

练习名称：中线球挡拆移动

中线球挡拆移动

学习部分：战术。

阶段：技能学习、熟练。

目标：利用挡拆前插创造得分机会。

建议人数：10人+。

建议时间：20~30分钟。

场区：20米×40米。

器材：球若干、球门2个、分队背心。

组织：每次由进攻方中线发球开始。如球出界或被防守方抢断则重新开球组织。2分钟或5次进攻机会后攻防转换及换人换组练习。（图8–7）

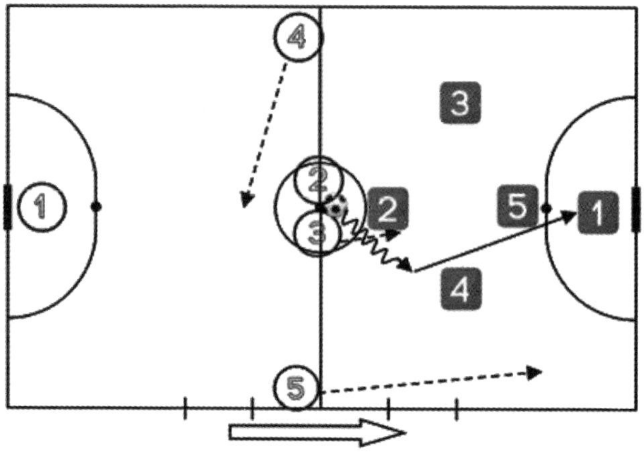

图8–7

指导要点：①进攻方1–4–0站位依次横线排开；②3号球员开球对2号防守球员进行挡拆，2号球员挡拆同边快速带球，5号球员前插吸引4号防守球员，4号球员回中路平衡；③2号球员注意观察防守情况，可做出的选择主要有三种：一是带球完成射门，二是传球5号前插球员完成射门，三是回传重新组织。

变化：①防守方断球后有一次快速反击的机会；②防守方断球后正常进行攻防，成死球后有球权的一方组织中线球；③延长每组练习时间，3~5分钟或7~10次进攻机会；④正常攻防对抗，进攻方打中门框范围，换防守方中线球恢复对抗。

二、练习二

练习名称：利用两侧突然前插

学习部分：战术。

阶段：技能学习、熟练。

目标：利用两侧快速前插创造得分机会。

建议人数：10人+。

利用两侧突然前插

建议时间：20~30分钟。

场区：20米×40米。

器材：球若干、球门2个、分队背心。

组织：每次由进攻方中线发球开始。如球出界或被防守方抢断则重新开球组织。2分钟或5次进攻机会后攻防转换及换人换组练习。（图8-8）

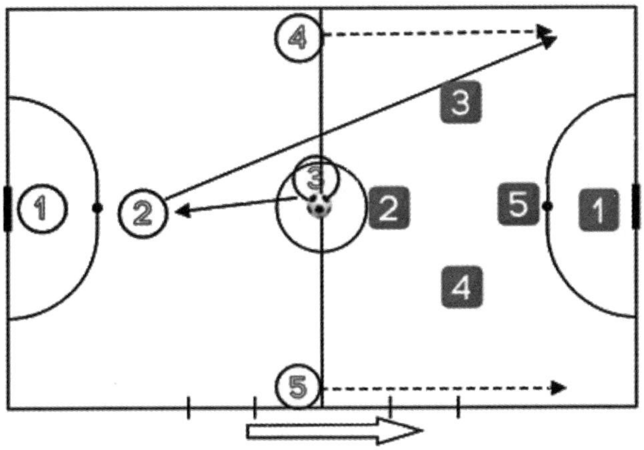

图8-8

指导要点：①进攻方1-1-3站位；②3号球员开球回传2号球员，4号、5号球员同时两边快速前插，2号球员长传身后任意一边；③接长传球员同时注意观察防守情况，可做出的选择主要有三种：一是接球完成射门，二是大力传球至二门柱、另一边前插球员包抄，三是回传重新组织。

变化：①防守方断球后有一次快速反击的机会；②防守方断球后正常进行攻防，成死球后有球权的一方组织中线球；③延长每组练习时间，3~5分钟或7~10次进攻机会；④正常攻防对抗，进攻方打中门框范围，换防守方中线球恢复对抗。

第六节　点球

培养3名左右专门在比赛中罚点球的球员，必须是全队射门技术最好的球员，让其在练习结束后与守门员进行加练，可以对守门员盲区进行定点射门。

罚点球的注意事项：①以准确性为主，加以最大力量，射球门的底角和上角最优，但要留有余地；②心理要稳定，有必进的信心；③先看守门员位置，决定射门方向，不能轻易改变决定。

以上介绍了一些定位球的练习示例，但定位球的方式可以说千变万化。重要的是教练员要根据本队球员特点（如本队有远射能力较强的球员、速度较快的球员等）、对手防守情况（如人盯人防守、区域防守等）进行针对性的战术设计，比赛中球员要根据场上情况灵活运用。

第九章
守门员专项技术

第一节　挡球技术

由于五人制足球比赛场地小、球门小、射门距离较近的特点，挡球技术成为五人制足球守门员在比赛中使用最频繁的技术，无论是手还是脚，挡球无异于是最实用、最高效的技术动作之一。

一、练习一

练习名称：正面双手挡球练习

目标：提高守门员正面挡球能力。

建议人数：2~3人。

建议时间：20分钟。

场区：半场。

器材：排球若干、足球若干、标志桶2个。

正面双手挡球练习

组织：①教练员使用排球进行射门，守门员双手正面挡球；②两侧标志桶与底线的区域为安全区，守门员应尽量将排球挡到安全区域内；③两侧的守门员随时准备，接守门员挡出来的球。（图9-1）

指导要点：①挡球动作类似于接球动作，通过手带动身体，微微转动上身朝向挡球的方向；②守门员挡球时动作不易过大；③触球位置应为手掌的中下部。

变化：换成足球进行练习。

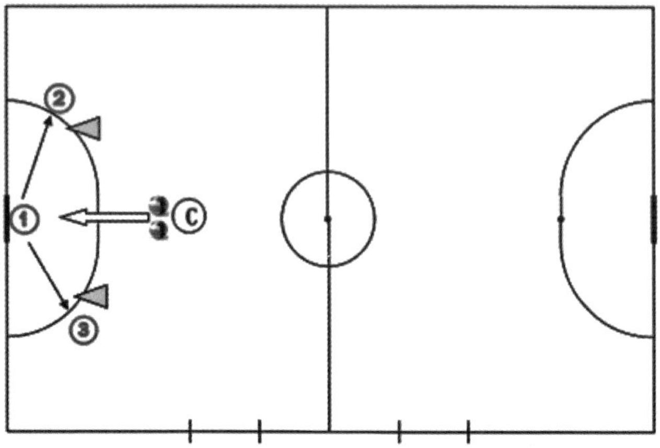

图9–1

二、练习二

练习名称：移动手挡球练习

移动手挡球练习

目标：提高守门员挡球能力。

建议人数：2~3人。

建议时间：20分钟。

场区：半场。

器材：排球若干、足球若干、网球若干、标志桶2个。

组织：①教练员使用排球先抛出一侧反弹球，守门员单手挡球；②然后反方向队员射门，守门员快速移动，双手挡球；③两侧射门为半高球，守门员应尽量将球挡到安全区域内。（图9–2）

指导要点：①挡球动作类似于接球动作，通过手带动身体，微微转动上身朝向挡球的方向；②守门员挡球时动作不易过大；③触球位置应为手掌的中下部；④移动中应控制好重心。

变化：换成足球进行练习。

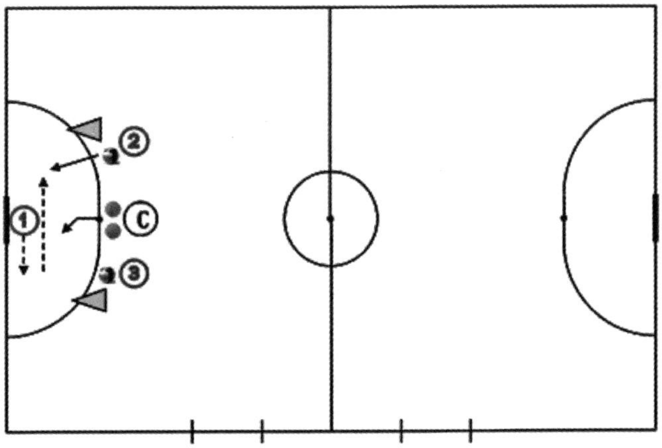

图9-2

三、练习三

练习名称：脚挡球练习

目标：提高守门员脚挡球能力。

建议人数：2~3人。

建议时间：20分钟。

场区：半场。

器材：足球若干、标志桶2个。

组织：①教练员抛地滚球至守门员右脚范围；②守门员原地发力伸脚挡球，守门员应尽量将球挡到安全区域内；③侧面的守门员随时准备，接守门员挡出来的球。（图9-3）

指导要点：①脚挡球动作类似于手挡球动作，通过髋关节外展朝向挡球方向；②异侧脚发力将身体送至来球方向，将球挡出。

变化：移动中完成挡球动作。

脚挡球练习

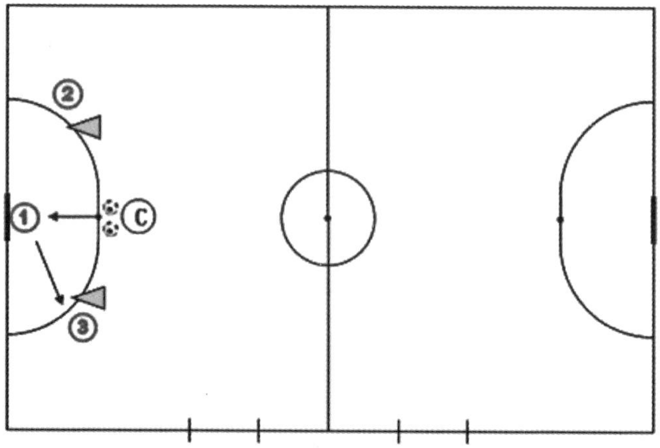

图9-3

四、练习四

练习名称：连续脚挡球练习

目标：提高守门员连续脚挡球能力。

建议人数：2~3人。

建议时间：20分钟。

场区：半场。

器材：足球若干、标志桶2个。

连续脚挡球练习

组织：①中间连续2次脚挡球；②第一个球直接挡回给队员，第二个球挡到安全区域；③侧面的守门员随时准备，接守门员挡出来的球（保持热身）。（图9–4）

指导要点：①脚挡球动作类似于手挡球动作，通过髋关节外展朝向挡球方向；②异侧脚发力将身体送至来球方向，将球挡出。

变化：处理略远的地滚球，挡球后可顺势坐到地上。

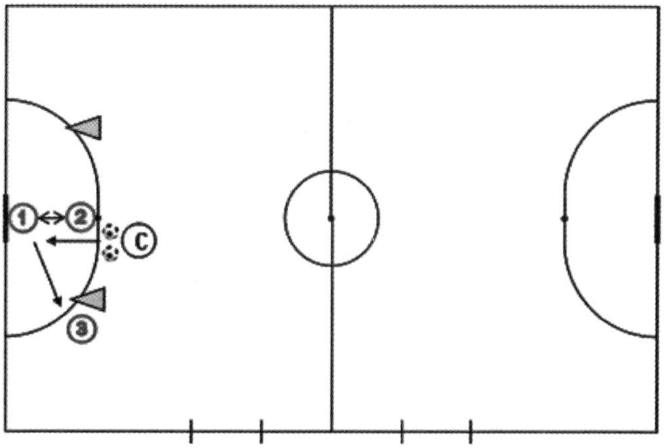

图9–4

第二节　手抛球技术

五人制足球比赛攻防转换的速度极快，手抛球作为守门员发动进攻的重要手段之一，比赛中经常可以看到守门员通过手抛球发动快攻的精彩场面，有时手抛球甚至可以改变比赛的最终结果。

一、练习一

练习名称：手抛地滚球练习

目标：提高守门员抛地滚球的能力。

建议人数：2~3人。

建议时间：20分钟。

场区：半场。

器材：足球若干。

手抛地滚球练习

组织：①守门员呈三角型站位，进行循环抛球练习；②练习规定次数后，改变抛球的方向。（图9–5）

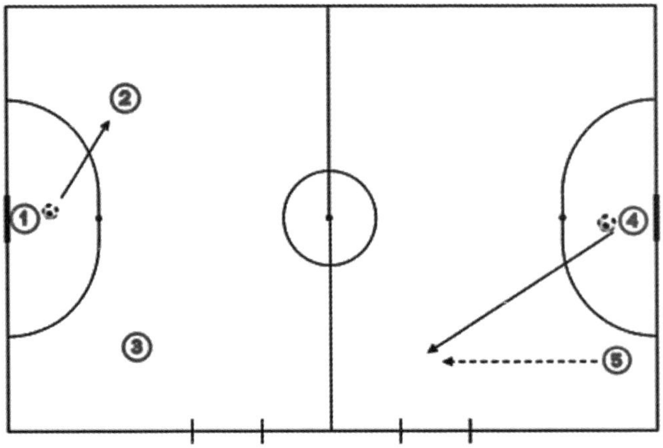

图9–5

指导要点：①两脚前后站立，持球手后摆，异侧手指向出球方向，重心下降；②注意球出手的位置；③抛左侧用右手，抛右侧用左手。

变化：①要求抛球前必须先完成一次反方向的抛球假动作，再完成抛球；②球员跑动接球，守门员根据跑动速度和角度抛球。

二、练习二

练习名称：手抛过顶球练习

目标：提高守门员抛过顶球的能力。

建议人数：2~3人。

建议时间：20分钟。

场区：全场。

器材：足球若干、小球门4个。

手抛过顶球练习

组织：①守门员间隔10米站位，进行循环抛球练习；②掌握动作后，可以适当拉开距离；③抛脚下或抛半高位置。（图9–6）

指导要点：①两脚前后站立，手臂弯曲，单手持球随身体后展，异侧手指向出球方向；②球出手的位置和角度（角度为30°~35°）。

变化：球员跑动接球，守门员根据跑动速度和角度抛球。

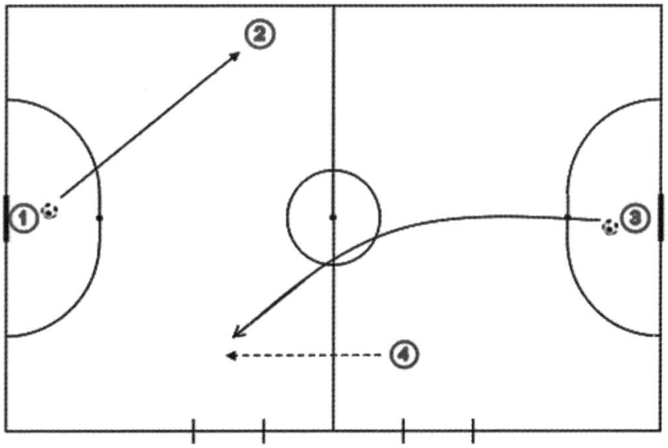

图9-6

第三节　脚下控球技术

随着五人制足球的发展，对守门员的要求也不断提高，在高水平的比赛中，经常可以看到球队利用守门员参与进攻的场面（5-0战术）。守门员拥有良好的脚下控球能力，可以大大丰富球队的打法和变化，提高球队整体实力。

练习名称：脚下控球练习

目标：提高脚下控球的能力。

建议人数：2~3人。

建议时间：20分钟。

场区：半场。

器材：足球若干、小球门4个。

组织：2名守门员相距5米左右相互传球，任意1名守门员传球后迅速靠近施加压力，另外1名守门员接球后拉球摆脱，将球传进同侧的球门内。（图9-7）

脚下控球练习

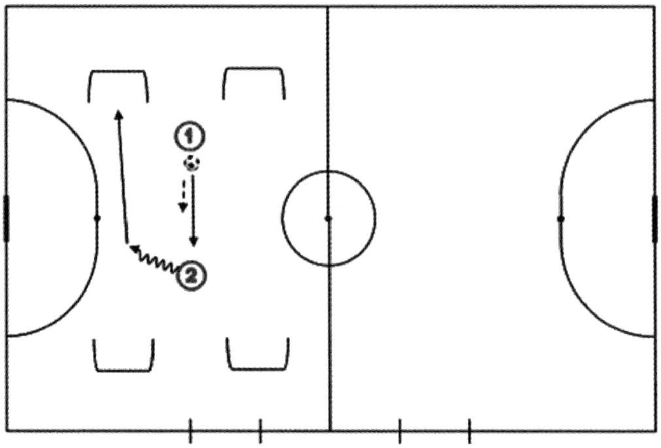

图9-7

指导要点：①接球前身体保持准备的状态，抬头观察；②合理利用拉球技术；③传球准确。

第十章 五人制足球专项体能训练

第一节　耐力

五人制足球是一项高强度的运动，需要运动员具有较好的耐力。耐力是指人体长时间进行肌肉工作的能力，也称为抗疲劳能力。耐力可分为有氧耐力和无氧耐力。有氧耐力是指人体长时间进行以有氧代谢为主的运动能力。有氧耐力又包括低强度有氧耐力（心率范围为100~160次/分）、中等强度有氧耐力（心率范围为130~180次/分）和高强度有氧耐力（心率范围为160~200次/分）。无氧耐力是指机体在无氧代谢的情况下较长时间进行肌肉活动的能力。无氧耐力包括维持无氧耐力和产生无氧耐力。

一、低强度有氧耐力练习

目标：提高低强度有氧耐力和基本技战术能力。

建议人数：10人+。

建议时间：10~30分钟。

心率范围：100~160次/分。

场区：20米×20米。

器材：球若干、球门2个、分队背心。

低强度有氧耐力练习

组织：半场练习。球员2传球给球员3；球员2斜线45°插到球员3前方；球员3用外脚背挑球给球员2，球员3传完球后包抄；球员2运球到罚球区可直接射门或传球给球员3，让球员3完成射门。本练习可以用在热身或技战术练习部分。（图10-1）

指导要点：①要求球员移动速度和跑动速度由慢到快；②可以适当增加如挡拆、二过一、接应拉开等战术行为的练习。

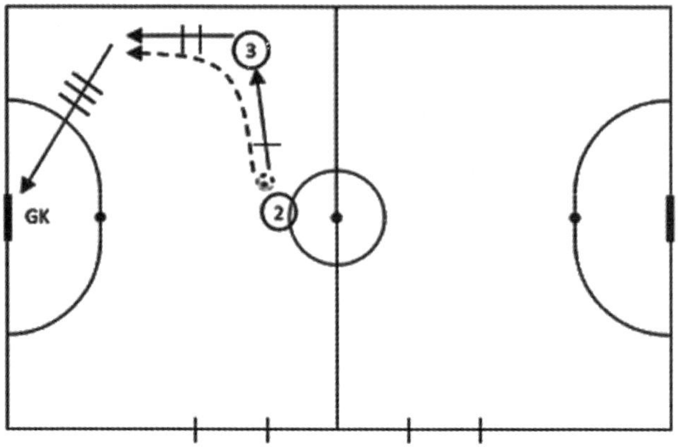

图10-1

变化：①射门力量慢慢增加；②可以根据技战术要求增加或减少人数；③左右侧轮换进行。

二、中等强度有氧耐力练习

目标：提高中等强度有氧耐力和基本技战术能力。

建议人数：12人。

建议时间： 20分钟。

心率范围：130~180次/分。

场区：全场。

器材：球若干、球门若干、分队背心。

组织：每队各防守本方半场的3个球门，有门将的球门得2分，其他球门得1分；先得10分的一方获胜。（图10-2）

指导要点：①所有球员保持移动；②心率范围为130~180次/分。

变化：①增加传球10脚得1分；②教练员连续提供球。

中等强度有氧耐力练习

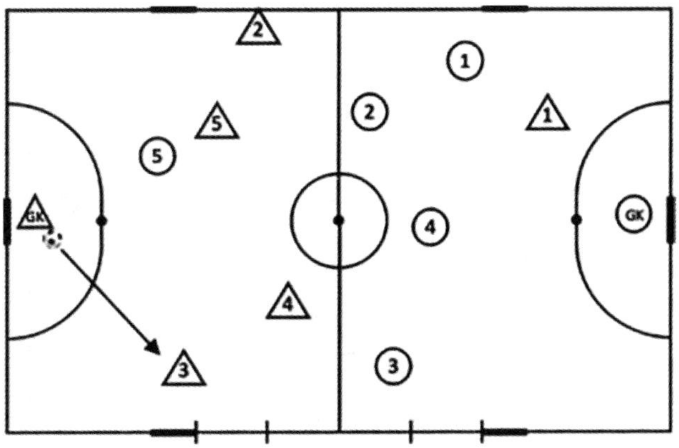

图10-2

三、高强度有氧耐力练习

目标：提高高强度有氧耐力和基本技战术能力。

建议人数：14人+。

建议时间：25分钟。

练习时长：2分钟。

间歇时间：1分钟。

组间休息：3分钟。

心率范围：160~200次/分。

场区：全场。

器材：球若干、球门2个、分队背心。

高强度有氧耐力练习

组织：每组4次练习，每个练习2组。由守门员发起进攻，手抛球给2号、3号、4号中一名球员，接到球的球员与2名队友向前带球3V1进攻，2号、4号2名防守球员摸门柱后快速向前场跑动追逐进攻球员；进攻球员完成射门后，射门的球员和其余2名球员变为防守球员，先摸门柱后再追逐进攻球员，原防守球员转变为进攻球员，接守门员的球组织进攻并完成射门。（图10-3）

指导要点：①提高高强度运动下攻防的成功率；②心率范围为160~200次/分。

变化：①变为1名防守球员摸球门；②缩小比赛场区。

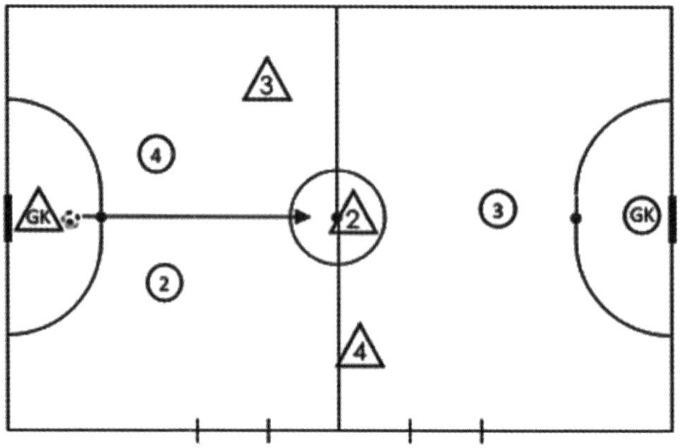

图10-3

四、保持无氧耐力练习

保持无氧耐力练习

目标： 提高保持无氧耐力和基本技战术能力。

建议人数： 12人。

建议时间： 25分钟。

练习时长： 1分钟。

间歇时间： 低强度练习3分钟。

心率范围： 160次/分至最大心率。

场区： 半场。

器材： 球若干、分队背心。

组织： 每队练习6次，每个练习2组，每队3名球员，每队球员编上序号或穿不同颜色的分队背心。丢球一方抢球，控球方传10脚球或吹哨换组（防守）。教练员提供球。（图10-4）

指导要点： ①多观察，提高传球质量；②心率范围为160次/分至最大心率；③间歇时间可以做颠球或牵拉等低强度练习。

变化： ①将传球次数增加到15次再换防守；②通过不能回传或不能传同色球员来增加难度；③扩大或缩小比赛场区。

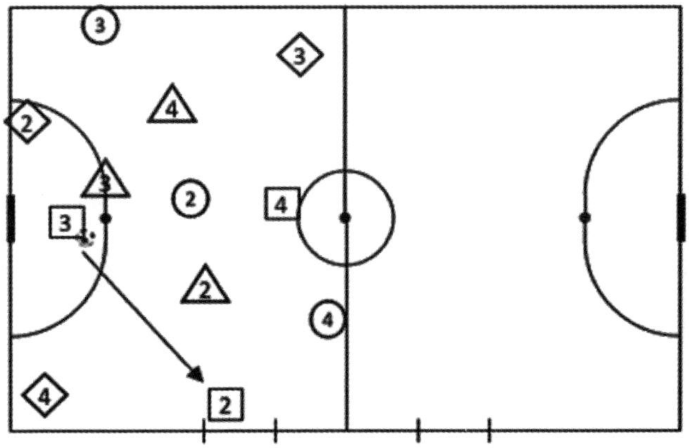

图10-4

五、发展无氧耐力练习

发展无氧耐力练习

目标：发展无氧耐力和基本技战术能力。

建议人数：26人。

建议时间：30分钟。

间歇时间：3分钟。

组间休息：5分钟。

心率范围：180次/分至最大心率。

场区：全场。

器材：球若干、球门2个、分队背心。

组织：每组4次练习，每个练习2组。射门球员摸门柱，另一名球员直接防守，原防守球员转为进攻球员接守门员的发球直接发起进攻。（图10-5）

指导要点：①提高高强度运动下攻防的成功率；②心率为180次/分至最大心率。

变化：缩小比赛场区。

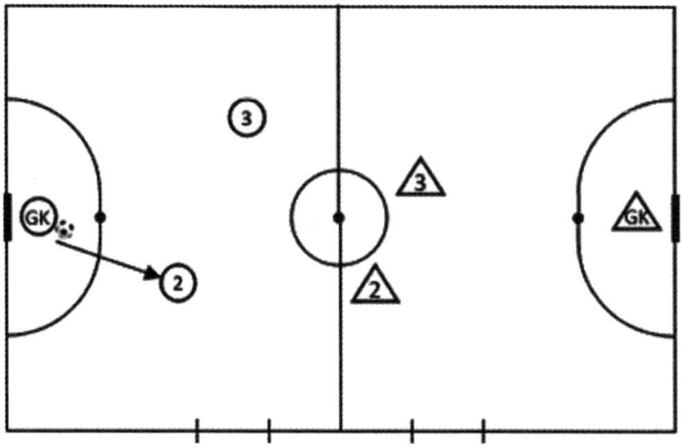

图10–5

第二节　爆发力

在影响爆发力的因素中，力量占主导地位，因此力量的增长有助于爆发力的发展。在进行爆发力训练时应注意：①只有在一定重量条件下进行训练，才可能使爆发力增长。训练中采用的负荷不同，效果也各异。因此，在训练中应该做到因人而异，合理安排负荷。②运动中大量能量物质被消耗，运动停止后分解代谢速率减慢，能量物质合成开始恢复并超过原来体内能量物质含量。如果下次练习是在超量恢复阶段进行的，就可以保持超量恢复不会消退，并且能逐步积累练习效果。③合理安排训练间歇时间，可以使爆发力训练效果更好。在五人制足球运动中，爆发力非常重要，并且要从基础力量过渡到专项力量，最终在比赛中表现出来。

一、练习一

目标：提高爆发力和射门能力。
建议人数：18人+。
建议时间：20分钟。
练习时间：小于10秒。

爆发力练习一

间歇时间： 3~5分钟。

循环次数： 6~12组。

场区： 2/3场。

器材： 球若干、球门1个。

组织： 3组球员依次进行跳栏架、左右跨步跳、跳标志桶练习，然后冲刺10米并完成射门。（图10–6）

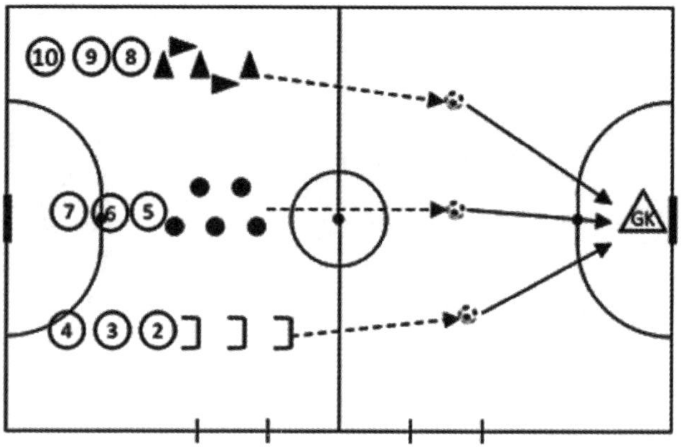

图10–6

指导要点： 逐步提高跳跃的高度和左右跨步跳的宽度，减少脚接触地面的时间，提高射门的质量。

变化： ①可变化跳跃项目和冲刺距离；②改变球员数量。

二、练习二

目标： 提高爆发力和运球射门能力。

建议人数： 18人+。

建议时间： 20分钟。

练习时间： 小于10秒。

间歇时间： 3~5分钟。

循环次数： 6~12组。

场区： 全场。

爆发力练习二

器材： 球若干、球门2个、背心若干。

组织： 守门员传球给进攻球员，进攻球员快速运球射门后变为防守球员，快速回防，直到进攻球员结束射门。（图10–7）

指导要点： 提高防守冲刺速度和运球射门的速度、质量。

变化： ①可缩小场地；②改变球员数量；③可变化发球方式或限制射门区域。

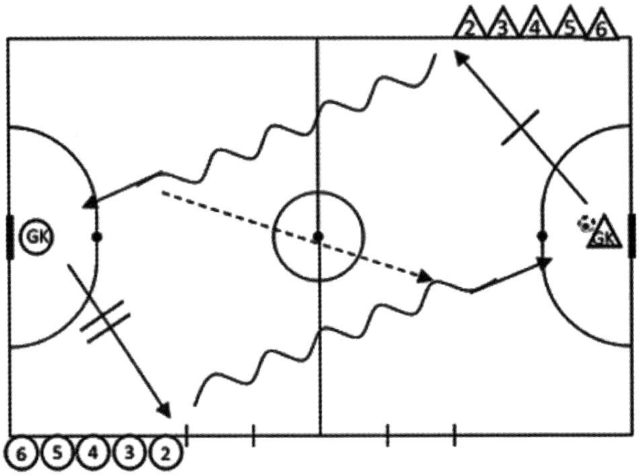

图10–7